Sigmund Freud

Mémoire, souvenirs, oublis

Édition : BoD · Books on Demand, 31 avenue Saint-Rémy,
57600 Forbach, bod@bod.fr
Impression : Libri Plureos GmbH, Friedensallee 273,
22763 Hamburg (Allemagne)
ISBN : 978-2-3225-5785-1
Dépôt légal : Janvier 2025

Chapitre premier
Les hystériques souffrent de réminiscences

Mesdames et Messieurs,

J'éprouve un trouble inhabituel à l'idée d'intervenir face au public affamé de savoir du Nouveau Monde. Comme j'imagine que je dois cet honneur à l'association faite entre mon nom et la question de la psychanalyse, ma causerie traitera donc de la psychanalyse et je vais tenter de vous présenter de manière succincte une vue d'ensemble de cette nouvelle méthode d'examen et de guérison, de sa naissance jusqu'aux plus récentes avancées.

Ce n'est pas à moi que revient le mérite – si c'en est un – d'avoir mis au monde la psychanalyse. Je n'ai pas participé à ses premiers commencements. J'étais encore étudiant, absorbé par la préparation de mes derniers examens, lorsqu'un médecin de Vienne, le Dr Josef Breuer[2] , appliqua pour la première fois ce procédé au traitement d'une jeune fille hystérique (cela remonte aux années 1880 à 1882). Il convient donc de nous occuper tout d'abord de l'histoire de cette malade et des péripéties de son traitement. Mais auparavant encore un mot. Ne craignez pas qu'une formation médicale soit nécessaire pour suivre mon exposé. Nous ferons route un certain temps avec les médecins, mais nous ne tarderons pas à prendre congé d'eux pour suivre le Dr Breuer dans une voie tout à fait originale.

La malade du Dr Breuer était une jeune fille de vingt et un ans, très intelligente, qui manifesta au cours des deux années de sa maladie une série de troubles physiques et mentaux plus ou moins graves. Elle présenta une contracture des deux extrémités droites avec anesthésie ; de temps en temps, la même affection apparaissait aux membres du côté gauche ; en outre, trouble des mouvements des yeux et perturbations multiples de la capacité visuelle ; difficulté à tenir la tête droite ; toux nerveuse intense, dégoût de toute nourriture et, pendant plusieurs semaines, impossibilité de boire malgré une soif dévorante. Elle présentait aussi une altération de la fonction du langage, ne pouvait ni comprendre ni parler sa langue maternelle. Enfin, elle était sujette à des « absences ", à des états de confusion, de délire, d'altération de toute la personnalité ; ce sont là des troubles auxquels nous aurons à accorder toute notre attention.

Il semble naturel de penser que des symptômes tels que ceux que nous venons d'énumérer révèlent une grave affection, probablement du cerveau, affection qui offre peu d'espoir de guérison et qui sans doute conduira promptement à la mort. Les médecins diront pourtant que, dans une quantité de cas aux apparences aussi graves, on peut formuler un pronostic beaucoup plus favorable. Lorsque des symptômes de ce genre se rencontrent chez une jeune femme dont les organes essentiels, le cœur, les reins, etc., sont tout à fait normaux, mais qui a eu à subir de violents chocs *affectifs* , et lorsque ces symptômes se développent d'une façon capricieuse et inattendue, les médecins se sentent rassurés. Ils reconnaissent en effet qu'il s'agit là, non pas d'une affection organique du cerveau, mais de cet état bizarre et énigmatique auquel les médecins grecs donnaient déjà le nom d'*hystérie* , état capable de simuler tout un ensemble de troubles graves, mais qui ne met pas la vie en danger et qui laisse espérer une guérison complète. Il n'est pas toujours facile de distinguer une telle hystérie d'une profonde affection organique. Mais il ne nous importe pas ici de savoir comment on établit ce diagnostic différentiel ; notons simplement que le cas de la jeune fille de Breuer est de ceux qu'aucun médecin habile ne manquera de ranger dans l'hystérie. Il convient de rappeler ici que les symptômes de la maladie sont apparus alors que la jeune fille soignait son père qu'elle adorait (au cours d'une maladie à laquelle il devait succomber) et que sa propre maladie l'obligea à renoncer à ces soins.

Les renseignements qui précèdent épuisent ce que les médecins pouvaient nous apprendre sur le cas qui nous intéresse. Le moment est venu de quitter ces derniers. Car il ne faut pas s'imaginer que l'on a beaucoup fait pour la guérison, lorsqu'on a substitué le diagnostic d'hystérie à celui d'affection cérébrale organique. L'art médical est le plus souvent aussi impuissant dans un cas que dans l'autre. Et quand il s'agit d'hystérie, le médecin n'a rien d'autre à faire qu'à laisser à la bonne nature le soin d'opérer le rétablissement complet qu'il est en droit de pronostiquer[3].

Si le diagnostic d'hystérie touche peu le malade, il touche beaucoup le médecin. Son attitude est tout autre à l'égard de l'hystérique qu'à l'égard de l'organique. Il n'accorde pas à celui-là le même intérêt qu'à celui-ci, car son mal est bien moins sérieux, malgré les apparences. N'oublions pas non plus que le médecin, au cours de ses études, a appris (par exemple dans des cas d'apoplexie ou de tumeurs) à se représenter plus ou moins exactement les causes des symptômes organiques. Au contraire, en présence des singularités hystériques, son savoir, sa science anatomique, physiologique et pathologique le laissent en panne. Il ne peut comprendre l'hystérie, en face d'elle il est incompétent. Ce qui ne vous plaît guère quand on a l'habitude de tenir en haute estime sa propre science. Les hystériques perdent donc la sympathie du médecin, qui les considère comme des gens qui transgressent les lois (comme un fidèle à l'égard des hérétiques). Il les juge capables de toutes les vilenies possibles, les accuse d'exagération et de simulation intentionnelles ; et il les punit en leur retirant son intérêt.

Le Dr Breuer, lui, n'a pas suivi une telle conduite. Bien que tout d'abord il fût incapable de soulager sa malade, il ne lui refusa ni sa bienveillance ni son intérêt. Sans doute sa tâche fut-elle facilitée par les remarquables qualités d'esprit et de caractère dont elle témoigna.

Et la façon sympathique avec laquelle il se mit à l'observer lui permit bientôt de lui porter un premier secours.

On avait remarqué que dans ses états d'absence, d'altération psychique avec confusion, la malade avait l'habitude de murmurer quelques mots qui semblaient se rapporter à des préoccupations intimes. Le médecin se fit répéter ses paroles et, ayant mis la malade dans une sorte d'hypnose, les lui répéta mot à mot, espérant ainsi déclencher les pensées qui la préoccupaient. La malade y consentit et se mit à raconter l'histoire dont les mots murmurés pendant ses états d'absence avaient trahi l'existence. C'étaient des fantaisies d'une profonde tristesse, souvent même d'une certaine beauté – nous dirons des *rêves diurnes* – qui avaient pour thème une jeune fille au chevet de son père malade. Après avoir exprimé un certain nombre de ces fantaisies, elle se trouvait délivrée et ramenée à une vie psychique normale. L'amélioration, qui durait plusieurs heures, disparaissait le jour suivant, pour faire place à une nouvelle absence que supprimait, de la même manière, le récit des fantaisies nouvellement formées. Nul doute que la modification psychique manifestée pendant les absences était une conséquence de l'excitation produite par ces formations fantaisistes d'une vive tonalité affective. La malade elle-même, qui, à cette époque de sa maladie, ne parlait et ne comprenait que l'anglais, donna à ce traitement d'un nouveau genre le nom de cure de parole (*talking cure*) ; elle le désignait aussi, en plaisantant, du nom de ramonage de cheminée (*chimney sweeping*).

On remarqua bientôt, comme par hasard, qu'un tel « ramonage " de l'âme faisait beaucoup plus qu'éloigner momentanément la confusion mentale toujours renaissante. Les symptômes morbides disparurent aussi lorsque, sous l'hypnose, la malade se rappela avec extériorisation affective à quelle occasion ces symptômes s'étaient produits pour la première fois. « Il y avait eu, cet été-là, une période de très grande chaleur, et la malade avait beaucoup souffert de la soif, car, sans pouvoir en donner la raison, il lui avait été brusquement impossible de boire. Elle pouvait saisir le verre d'eau, mais aussitôt qu'il touchait ses lèvres, elle le repoussait comme une hydrophobe. Durant ces quelques secondes, elle se trouvait évidemment en état d'absence. Elle ne se nourrissait que de fruits, pour étancher la soif qui la tourmentait. Cela durait depuis environ six semaines, lorsqu'elle se plaignit un jour, sous hypnose, de sa gouvernante anglaise qu'elle n'aimait pas. Elle raconta alors, avec tous les signes d'un profond dégoût, qu'elle s'était rendue dans la chambre de cette gouvernante et que le petit chien de celle-ci, un animal affreux, avait bu dans un verre. Elle n'avait rien dit, par politesse. Son récit achevé, elle manifesta violemment sa colère, restée contenue jusqu'alors. Puis elle demanda à boire, but une grande quantité d'eau, et se réveilla de l'hypnose le verre aux lèvres. Le trouble avait disparu pour toujours[4]. "

Arrêtons-nous un instant à cette expérience. Personne n'avait encore fait disparaître un symptôme hystérique de cette manière et n'avait pénétré si profondément dans la compréhension de ses causes. Quelle découverte grosse de conséquences, si la plupart de ces symptômes pouvaient être supprimés de cette manière ! Breuer n'épargna aucun effort pour en faire la preuve. Il étudia systématiquement la pathogenèse d'autres symptômes morbides plus graves. Dans presque chaque cas, il constata que les symptômes étaient, pour ainsi dire, comme des résidus d'expériences émotives que, pour cette raison, nous avons appelées plus tard *traumatismes psychiques* ; leur caractère particulier s'apparentait à la scène traumatique qui les avait provoqués. Selon l'expression technique, les symptômes étaient *déterminés* par les scènes dont ils formaient les résidus mnésiques, et il n'était plus nécessaire de voir en eux des effets arbitraires et énigmatiques de la névrose. Cependant, contrairement à ce que l'on attendait, ce n'était pas toujours d'un seul événement que le symptôme résultait, mais, la plupart du temps, de multiples *traumatismes psychiques* souvent analogues et répétés. Par conséquent, il fallait reproduire chronologiquement toute cette chaîne de souvenirs pathogènes, mais dans l'ordre inverse, le dernier d'abord et le premier à la fin ; impossible de pénétrer jusqu'au premier traumatisme, souvent le plus profond, si l'on sautait les intermédiaires.

Vous souhaiteriez sans doute d'autres exemples de symptômes hystériques que celui de l'hydrophobie engendrée par le dégoût d'un chien buvant dans un verre. Mais pour rester fidèle à mon programme, je me limiterai à très peu d'exemples. Breuer raconte que les troubles visuels de sa malade se rapportaient aux circonstances suivantes : « La malade, les yeux pleins de larmes, était assise auprès du lit de son père, lorsque celui-ci lui demanda tout à coup quelle heure il était. Les larmes l'empêchaient de voir clairement ; elle fit un effort, mit la montre tout près de son œil et le cadran lui apparut très gros (macropsie et strabisme convergent) ; puis elle s'efforça de retenir ses larmes afin que le malade ne les voie pas[5] . " Toutes ces impressions pathogènes, remarquons-le, dataient de l'époque où elle s'occupait de son père malade. « Une fois, elle s'éveilla, la nuit, très angoissée car le malade avait beaucoup de fièvre, et très contractée car on attendait un chirurgien de Vienne pour une opération. Sa mère n'était pas là ; Anna était assise au chevet du malade, le bras droit posé sur le dossier de la chaise. Elle tomba dans un état de demi-rêve et vit qu'un serpent noir sortait du mur, s'approchait du malade pour le mordre. (Il est très probable que, dans le pré, derrière la maison, se trouvaient des serpents qui avaient déjà effrayé la malade et fournissaient le thème de l'hallucination.) Elle voulut chasser l'animal, mais elle était comme paralysée ; le bras droit, pendant sur le dossier de la chaise, était "endormi", c'est-à-dire anesthésié et parésié, et, lorsqu'elle le regarda, les doigts se transformèrent en petits serpents avec des têtes de mort (les ongles). Sans doute fit-elle des efforts pour chasser le serpent avec la main droite paralysée, et ainsi l'anesthésie et la paralysie s'associèrent-elles à l'hallucination du serpent. Lorsque celui-ci eut disparu, elle voulut, pleine d'angoisse, se mettre à prier, mais la parole lui manqua, en quelque langue que ce fût. Elle ne put s'exprimer qu'en retrouvant enfin une poésie enfantine *anglaise*, et put alors penser et prier dans cette langue[6]. " Le rappel de cette scène, sous hypnose, fit disparaître la contracture du bras droit qui existait depuis le commencement de la maladie, et mit fin au traitement.

Lorsque, bon nombre d'années plus tard, je me mis à appliquer à mes propres malades la méthode de recherche et de traitement de Breuer, je fis des expériences qui concordèrent avec les siennes.

Une dame de quarante ans environ avait un tic, un étrange claquement de langue, qui se produisait à chaque émoi et aussi sans cause apparente. L'origine de ce tic venait de deux événements différents qui avaient ceci de commun que, comme par une sorte de contre-volonté, elle avait fait entendre ce claquement à un moment où elle désirait vivement ne pas troubler le silence : une fois pour ne pas éveiller son enfant endormi, et l'autre fois, lors d'une promenade en voiture, pour ne pas exciter les chevaux qu'un orage avait déjà fait s'emballer. Je donne cet exemple parmi beaucoup d'autres qu'on trouvera dans les *Études sur l'hystérie*.

Mesdames et Messieurs, si vous me permettez de généraliser, et c'est inévitable dans une présentation aussi abrégée, nous pouvons résumer tout ce qui précède dans la formule suivante : *les hystériques souffrent de réminiscences*. Leurs symptômes sont les résidus et les symboles de certains événements (traumatiques). Symboles commémoratifs, à vrai dire. Une comparaison nous fera saisir ce qu'il faut entendre par là. Les monuments dont nous ornons nos grandes villes sont des symboles commémoratifs du même genre. Ainsi, à Londres, vous trouverez, devant une des plus grandes gares de la ville, une colonne gothique richement décorée : *Charing Cross*. Au XIIIe siècle, un des vieux rois Plantagenêt qui faisait transporter à Westminster le corps de la bien-aimée reine Éléonore éleva des croix gothiques à chacune des stations où le cercueil fut posé à terre. *Charing Cross* est le dernier des monuments qui devaient conserver le souvenir de cette marche funèbre[7] . À une autre place de la ville, non loin du *London Bridge* , vous remarquerez une colonne moderne très haute que l'on appelle « *The Monument* ". Elle doit rappeler le souvenir du grand incendie qui, en 1666, éclata tout près de là et détruisit une grande partie de la ville. Ces monuments sont des « symboles commémoratifs " comme les symptômes hystériques. La comparaison est donc soutenable jusque-là. Mais que diriez-vous d'un habitant de Londres qui, aujourd'hui encore, s'arrêterait mélancoliquement devant le monument du convoi funèbre de la reine Éléonore au lieu de s'occuper de ses affaires avec la hâte qu'exigent les conditions modernes du travail, ou de se réjouir de la jeune et charmante reine qui captive aujourd'hui son propre cœur ? Ou d'un autre qui pleurerait devant « le monument " la destruction de la ville de ses pères, alors que cette ville est depuis longtemps sortie de ses cendres et brille aujourd'hui d'un éclat plus vif encore que jadis ?

Les hystériques et autres névrosés se comportent comme les deux Londoniens de notre exemple invraisemblable. Non seulement ils se souviennent d'événements douloureux passés depuis longtemps, mais ils y sont encore affectivement attachés ; ils ne se libèrent pas du passé et négligent pour lui la réalité et le présent. Cette fixation de la vie mentale aux traumatismes pathogènes est un des caractères les plus importants et, dans la pratique, les plus significatifs de la névrose. Vous allez sans doute, en pensant à la malade de Breuer, me faire une objection qui, certainement, est plausible. Tous les traumatismes de cette jeune fille provenaient de l'époque où elle soignait son père malade et ses symptômes ne sont que les marques du souvenir qu'elle a conservé de la maladie et de la mort de son père. Le fait de conserver si vivante la mémoire du disparu, et cela peu de temps après sa mort, n'a donc, direz-vous, rien de pathologique ; c'est au contraire un processus affectif tout à fait normal.

– Je vous l'accorde volontiers : chez la malade de Breuer, cette pensée qui reste fixée aux traumatismes n'a rien d'extraordinaire. Mais, dans d'autres cas, ainsi pour ce tic que j'ai traité et dont les causes remontaient à quinze et à dix ans dans le passé, on voit nettement que cette sujétion au passé a un caractère nettement pathologique. Cette sujétion, la malade de Breuer l'aurait probablement développée aussi, si elle ne s'était pas soumise au traitement *cathartique* peu de temps après l'expérience vécue et l'apparition de ses symptômes.

Nous n'avons parlé jusqu'ici des symptômes hystériques que dans leurs relations avec l'histoire de la vie des malades. Mais nous avons encore à considérer deux autres circonstances dont Breuer fait mention et qui nous feront saisir le mécanisme de l'apparition de la maladie et celui de sa disparition. Insistons d'abord sur ce fait que la malade de Breuer, dans toutes les situations pathogènes, devait réprimer une forte excitation, au lieu de la laisser s'épancher par les voies affectives habituelles, paroles et actes. Lors du petit incident avec le chien de sa gouvernante, elle réprima, par égard pour celle-ci, l'expression d'un dégoût intense ; pendant qu'elle veillait au chevet de son père, son souci continuel était de ne rien laisser voir au malade de son angoisse et de son douloureux état d'âme. Lorsque plus tard elle reproduisit ces mêmes scènes devant son médecin, l'*affect* refoulé autrefois ressuscita avec une violence particulière, comme s'il s'était conservé intact pendant tout ce temps. Bien plus, le symptôme qui avait subsisté de cette scène présenta son plus haut degré d'intensité au fur et à mesure que le médecin s'efforçait d'en découvrir l'origine, pour disparaître dès que celle-ci eut été complètement démasquée. On put, d'autre part, constater que le souvenir de la scène en présence du médecin restait sans effet si, pour une raison quelconque, il se déroulait sans être accompagné d'émotions, d'*affects* . C'est apparemment de ces *affects* , que l'on pouvait se représenter comme des grandeurs déplaçables, que dépendent et la maladie et le rétablissement de la santé. On fut ainsi conduit à admettre que le patient, tombé malade de l'émotion déclenchée par une circonstance pathogène, n'a pu l'exprimer normalement, et qu'elle est ainsi restée « coincée ". Ces *affects* coincés ont une double destinée. Tantôt ils persistent tels quels et font sentir leur poids sur toute la vie psychique, pour laquelle ils sont une source d'irritation perpétuelle. Tantôt ils se transforment en processus physiques anormaux, processus d'*innervation* ou d'*inhibition* (paralysie), qui ne sont pas autre chose que les symptômes physiques de la névrose. C'est ce que nous avons appelé l'*hystérie de conversion* . Dans la vie normale, une certaine quantité de notre énergie affective est employée à l'innervation corporelle et produit le phénomène de l'expression des émotions, que nous connaissons tous. L'hystérie de conversion n'est pas autre chose qu'une expression des *affects* exagérée et qui se traduit par des moyens inaccoutumés. Si un fleuve s'écoule dans deux canaux, l'un d'eux se trouvera plein à déborder aussitôt que, dans l'autre, le courant rencontrera un obstacle.

Vous voyez que nous sommes sur le point d'arriver à une théorie purement psychologique de l'hystérie, théorie dans laquelle nous donnons la première place au processus affectif. Une deuxième observation de Breuer nous oblige à accorder, dans le déterminisme des processus morbides, une grande importance aux états de la conscience. La malade de Breuer présentait, à côté de son état normal, des états d'âme multiples, états d'absence, de confusion, changement de caractère. À l'état normal, elle ne savait rien de ces scènes pathogènes et de leurs rapports avec ses symptômes. Elle les avait oubliées ou ne les mettait pas en relation avec sa maladie. Lorsqu'on l'hypnotisait, il fallait faire de grands efforts pour lui remettre ces scènes en mémoire, et c'est ce travail de réminiscence qui supprimait les symptômes. Nous serions bien embarrassés pour interpréter cette constatation, si l'expérience et l'expérimentation de l'hypnose n'avaient montré le chemin à suivre. L'étude des phénomènes hypnotiques nous a habitués à cette conception d'abord étrange que, dans un seul et même individu, il peut y avoir plusieurs groupements psychiques, assez indépendants pour qu'ils ne sachent rien les uns des autres et qui tirent alternativement la conscience à eux. Des cas de ce genre, que l'on appelle « double conscience ", peuvent, à l'occasion, se présenter spontanément à l'observation. Si, dans un tel clivage de la personnalité, la conscience reste constamment liée à l'un des deux états, on nomme cet état : l'état psychique *conscient* , et l'on appelle *inconscient* celui qui en est séparé. Le phénomène connu sous le nom de suggestion posthypnotique, dans lequel un ordre donné au cours de l'hypnose se réalise plus tard, coûte que coûte, à l'état normal, donne une image excellente de l'influence que l'état conscient peut recevoir de l'inconscient, et c'est d'après ce modèle qu'il nous est possible de comprendre les phénomènes observés dans l'hystérie. Breuer se décida à admettre que les symptômes hystériques auraient été provoqués durant des états d'âme spéciaux qu'il appelait *hypnoïdes* . Les excitations qui se produisent dans les états hypnoïdes de ce genre deviennent facilement pathogènes, parce qu'elles ne trouvent pas dans ces états des conditions nécessaires à leur aboutissement normal. Il se produit alors cette chose particulière qui est le symptôme, et qui pénètre dans l'état normal comme un corps étranger. D'autant plus que le sujet n'a pas conscience de la cause de son mal. Là où il y a un symptôme, il y a aussi amnésie, un vide, une lacune dans le souvenir, et, si l'on réussit à combler cette lacune, on supprime par là même le symptôme.

Je crains que cette partie de mon exposé ne vous paraisse pas très claire. Mais soyez indulgents. Il s'agit de vues nouvelles et difficiles qu'il est peut-être impossible de présenter plus clairement, pour le moment tout au moins. L'hypothèse breuerienne des états *hypnoïdes* s'est d'ailleurs montrée encombrante et superflue, et la psychanalyse moderne l'a abandonnée. Vous apprendrez plus tard tout ce qu'on a encore découvert derrière les états *hypnoïdes* de Breuer. Vous aurez aussi sans doute, et à bon droit, l'impression que les recherches de Breuer ne pouvaient vous donner qu'une théorie incomplète et une explication insuffisante des faits observés. Mais des théories parfaites ne tombent pas ainsi du ciel, et vous vous méfieriez à plus forte raison de l'homme qui, dès le début de ses observations, vous présenterait une théorie sans lacune et complètement parachevée. Une telle théorie ne saurait être qu'un produit de la spéculation et non le fruit d'une étude sans parti pris de la réalité.

Chapitre II
Oubli de noms propres[1]

J'ai publié, en 1898, dans *Monatsschrift für Psychiatrie und Neurologie* , un petit article intitulé : « Sur le mécanisme psychique de l'oubli ", dont le contenu, que je vais résumer ici, servira de point de départ à mes considérations ultérieures. Dans cet article, j'ai soumis à l'analyse psychologique, d'après un exemple frappant observé sur moi-même, le cas si fréquent d'oubli passager de noms propres ; et je suis arrivé à la conclusion que cet accident, si commun et sans grande importance pratique, qui consiste dans le refus de fonctionnement d'une faculté psychique (la faculté du souvenir), admet une explication qui dépasse de beaucoup par sa portée l'importance généralement attachée au phénomène en question.

Si l'on demandait à un psychologue d'expliquer comment il se fait qu'on se trouve si souvent dans l'impossibilité de se rappeler un nom qu'on croit cependant connaître, je pense qu'il se contenterait de répondre que les noms propres tombent plus facilement dans l'oubli que les autres contenus de la mémoire. Il citerait des raisons plus ou moins plausibles qui, à son avis, expliqueraient cette propriété des noms propres, sans se douter que ce processus puisse être soumis à d'autres conditions, d'ordre plus général.

Ce qui m'a amené à m'occuper de plus près du phénomène de l'oubli passager de noms propres, ce fut l'observation de certains détails qui manquent dans certains cas, mais se manifestent dans d'autres avec une netteté suffisante. Ces derniers cas sont ceux où il s'agit, non seulement d'*oubli* , mais de *faux souvenir* . Celui qui cherche à se rappeler un nom qui lui a échappé retrouve dans sa conscience d'autres noms, des *noms de substitution* , qu'il reconnaît aussitôt comme incorrects, mais qui n'en continuent pas moins à s'imposer à lui obstinément. On dirait que le processus qui devait aboutir à la reproduction du nom cherché a subi un *déplacement* , s'est engagé dans une fausse route, au bout de laquelle il trouve le nom de substitution, le nom incorrect. Je prétends que ce déplacement n'est pas l'effet d'un arbitraire psychique, mais s'effectue selon des voies préétablies et possibles à prévoir. En d'autres termes, je prétends qu'il existe, entre le nom ou les noms de substitution et le nom cherché, un rapport possible à trouver, et j'espère que, si je réussis à établir ce rapport, j'aurai élucidé le processus de l'oubli de noms propres.

Dans l'exemple sur lequel avait porté mon analyse en 1898, le nom que je m'efforçais en vain de me rappeler était celui du maître auquel la cathédrale d'*Orvieto* doit ses magnifiques fresques représentant le « Jugement Dernier ". À la place du nom cherché, *Signorelli* , deux autres noms de peintres, *Botticelli* et *Boltraffio* , s'étaient imposés à mon souvenir, mais je les avais aussitôt et sans hésitation reconnus comme incorrects. Mais, lorsque le nom correct avait été prononcé devant moi par une autre personne, je l'avais reconnu sans une minute d'hésitation. L'examen des influences et des voies d'association ayant abouti à la reproduction des noms *Botticelli* et *Boltraffio* , à la place de Signorelli, m'a donné les résultats suivants :

a) La raison de l'oubli du nom *Signorelli* ne doit être cherchée ni dans une particularité quelconque de ce nom, ni dans un caractère psychologique de l'ensemble dans lequel il était inséré. Le nom oublié m'était aussi familier qu'un des noms de substitution, celui de Botticelli, et beaucoup plus familier que celui de Boltraffio dont le porteur ne m'était connu que par ce seul détail qu'il faisait partie de l'école milanaise. Quant aux conditions dans lesquelles s'était produit l'oubli, elles me paraissent inoffensives et incapables d'en fournir aucune explication : je faisais, en compagnie d'un étranger, un voyage en voiture de Raguse, en Dalmatie, à une station d'Herzégovine ; au cours du voyage, la conversation tomba sur l'Italie et je demandai à mon compagnon s'il avait été à Orvieto et s'il avait visité les célèbres fresques de...

b) L'oubli du nom s'explique, lorsque je me rappelle le sujet qui a précédé immédiatement notre conversation sur l'Italie, et il apparaît alors comme l'*effet d'une perturbation du sujet nouveau par le sujet précédent* . Peu de temps avant que j'aie demandé à mon compagnon de voyage s'il avait été à Orvieto, nous nous entretenions des mœurs des Turcs habitant la Bosnie et l'Herzégovine. J'avais rapporté à mon interlocuteur ce que m'avait raconté un confrère exerçant parmi ces gens, à savoir qu'ils sont pleins de confiance dans le médecin et pleins de résignation devant le sort. Lorsqu'on est obligé de leur annoncer que l'état de tel ou tel malade de leurs proches est désespéré, ils répondent : « Seigneur (*Herr*), n'en parlons pas. Je sais que, s'il était possible de sauver le malade, tu le sauverais. " Nous avons là deux noms : *Bosnien* (Bosnie) et *Herzegowina* (Herzégovine) et un mot : *Herr* (Seigneur), qui se laissent intercaler tous les trois dans une chaîne d'associations entre *Signorelli – Botticelli* et *Boltraffio* .

c) J'admets que si la suite d'idées se rapportant aux mœurs des Turcs de la Bosnie, etc., a pu troubler une idée venant immédiatement après, ce fut parce que je lui ai retiré mon attention, avant même qu'elle fût achevée. Je rappelle notamment que j'avais eu l'intention de raconter une autre anecdote qui reposait dans ma mémoire à côté de la première. Ces Turcs attachent une valeur exceptionnelle aux plaisirs sexuels et, lorsqu'ils sont atteints de troubles sexuels, ils sont pris d'un désespoir qui contraste singulièrement avec leur résignation devant la mort. Un des malades de mon confrère lui dit un jour : « Tu sais bien, Herr (Seigneur), que lorsque *cela* ne va plus, la vie n'a plus aucune valeur. " Je me suis toutefois abstenu de communiquer ce trait caractéristique, préférant ne pas aborder ce sujet scabreux dans une conversation avec un étranger. Je fis même davantage : j'ai distrait mon attention de la suite des idées qui auraient pu se rattacher dans mon esprit au sujet : « Mort et Sexualité. " J'étais alors sous l'impression d'un événement dont j'avais reçu la nouvelle quelques semaines auparavant durant un bref séjour à *Trafoï* : un malade, qui m'avait donné beaucoup de mal, s'était suicidé, parce qu'il souffrait d'un trouble sexuel incurable. Je sais parfaitement bien que ce triste événement et tous les détails qui s'y rattachent n'existaient pas chez moi à l'état de souvenir conscient pendant mon voyage en Herzégovine. Mais l'affinité entre *Trafoï* et *Boltraffio* m'oblige à admettre que, malgré la distraction intentionnelle de mon attention, je subissais l'influence de cette réminiscence.

d) Il ne m'est plus possible de voir dans l'oubli du nom Signorelli un événement accidentel. Je suis obligé de voir dans cet événement l'effet de mobiles psychiques. C'est pour des raisons d'ordre psychique que j'ai interrompu ma communication (sur les mœurs des Turcs, etc.), et c'est pour des raisons de même nature que j'ai empêché de pénétrer dans ma conscience les idées qui s'y rattachaient et qui auraient conduit mon récit jusqu'à la nouvelle que j'avais reçue à Trafoï. Je voulais donc oublier quelque chose ; j'ai *refoulé* quelque chose. Je voulais, il est vrai, oublier autre chose que le nom du maître d'Orvieto ; mais il s'est établi, entre cet « autre chose " et le nom, un lien d'association, de sorte que mon acte de volonté a manqué son but et que j'ai, *malgré moi* , oublié le nom, alors que je voulais *intentionnellement* oublier l'« autre chose ". Le désir de ne pas se souvenir portait sur un contenu ; l'impossibilité de se souvenir s'est manifestée par rapport à un autre. Le cas serait évidemment beaucoup plus simple, si le désir de ne pas se souvenir et la déficience de mémoire se rapportaient au même contenu. – Les noms de substitution, à leur tour, ne me paraissent plus aussi injustifiés qu'avant l'explication ; ils m'avertissent (à la suite d'une sorte de compromis) aussi bien de ce que j'ai oublié que de ce dont je voulais me souvenir, et ils me montrent que mon intention d'oublier quelque chose n'a ni totalement réussi, ni totalement échoué.

e) Le genre d'association qui s'est établi entre le nom cherché et le sujet refoulé (relatif à la mort et à la sexualité et dans lequel figurent les noms Bosnie, Herzégovine, Trafoï) est tout à fait curieux. Le schéma, emprunté à l'article de 1898, cherche à donner une représentation concrète de cette association.

Le nom de Signorelli a été divisé en deux parties. Les deux dernières syllabes se retrouvent telles quelles dans l'un des noms de substitution (*elli*), les deux premières ont, par suite de la traduction de *Signor* en *Herr* (Seigneur), contracté des rapports nombreux et variés avec les noms contenus dans le sujet refoulé, ce qui les a rendues inutilisables pour la reproduction. La substitution du nom de Signorelli s'est effectuée comme à la faveur d'un déplacement le long de la combinaison des noms « Herzégovine-Bosnie ", sans aucun égard pour le sens et la délimitation acoustique des syllabes. Les noms semblent donc avoir été traités dans ce processus comme le sont les mots d'une proposition qu'on veut transformer en rébus. Aucun avertissement n'est parvenu à la conscience de tout ce processus, à la suite duquel le nom Signorelli a été ainsi remplacé par d'autres noms. Et, *à première vue* , on n'entrevoit pas, entre le sujet de conversation dans lequel figurait le nom Signorelli et le sujet refoulé qui l'avait précédé immédiatement, de rapport autre que celui déterminé par la similitude de syllabes (ou plutôt de suites de lettres) dans l'un et dans l'autre.

Il n'est peut-être pas inutile de noter qu'il n'existe aucune contradiction entre l'explication que nous proposons et la thèse des psychologues qui voient, dans certaines relations et dispositions, les conditions de la reproduction et de l'oubli. Nous nous bornons à affirmer que les facteurs depuis longtemps reconnus comme jouant le rôle des causes déterminantes dans l'oubli d'un nom se compliquent, dans certains cas, d'un *motif* supplémentaire, et nous donnons en même temps l'explication du mécanisme de la fausse réminiscence. Ces facteurs ont dû nécessairement intervenir dans notre cas, pour permettre à l'élément refoulé de s'emparer par voie d'association du nom cherché et de l'entraîner avec lui dans le refoulement. À propos d'un autre nom, présentant des conditions de reproduction plus favorables, ce fait ne se serait peut-être pas produit. Il est toutefois vraisemblable qu'un élément refoulé s'efforce toujours et dans tous les cas de se manifester au-dehors d'une manière ou d'une autre, mais ne réussit à le faire qu'en présence de conditions particulières et appropriées. Dans certains cas, le refoulement s'effectue sans trouble fonctionnel ou, ainsi que nous pouvons le dire avec raison, sans *symptômes*.

En résumé, les conditions nécessaires pour que se produise l'oubli d'un nom avec fausse réminiscence sont les suivantes : 1^O une certaine tendance à oublier ce nom ; 2^O un processus de refoulement ayant eu lieu peu de temps auparavant ; 3° la possibilité d'établir une association *extérieure* entre le nom en question et l'élément qui vient d'être refoulé. Il n'y a probablement pas lieu d'exagérer la valeur de cette dernière condition, car, étant donné la facilité avec laquelle s'effectuent les associations, elle se trouvera remplie dans la plu part des cas. Une autre question, et plus importante, est celle de savoir si une association extérieure de ce genre constitue réellement une condition suffisante pour que l'élément refoulé empêche la reproduction du nom cherché et si un lien plus intime entre les deux sujets n'est pas nécessaire à cet effet. À première vue, on est tenté de nier cette dernière nécessité et de considérer comme suffisante la rencontre purement passagère de deux éléments totalement disparates. Mais, à un examen plus approfondi, on constate, dans des cas de plus en plus nombreux, que les deux éléments (l'élément refoulé et le nouveau), rattachés par une association extérieure, présentent également des rapports intimes, c'est-à-dire qu'ils se rapprochent par leurs contenus, et tel était en effet le cas dans l'exemple *Signorelli*.

La valeur de la conclusion que nous a fournie l'analyse de l'exemple *Signorelli* varie, selon que ce cas peut être considéré comme typique ou ne constitue qu'un accident isolé. Or, je crois pouvoir affirmer que l'oubli de noms avec fausse réminiscence a lieu le plus souvent de la même manière que dans le cas que nous avons décrit. Presque toutes les fois où j'ai pu observer ce phénomène sur moi-même, j'ai été à même de l'expliquer comme dans le cas Signorelli, c'est-à-dire comme ayant été déterminé par le refoulement. Je puis d'ailleurs citer un autre argument à l'appui de ma manière de voir concernant le caractère typique du cas Signorelli. Je crois notamment que rien n'autorise à établir une ligne de séparation entre les cas d'oublis de noms avec fausse réminiscence et ceux où des noms de substitution incorrects ne se présentent pas. Dans certains cas, ces noms de substitution se présentent spontanément ; dans d'autres, on peut les faire surgir, grâce à un effort d'attention et, une fois surgis, ils présentent, avec l'élément refoulé et le nom cherché, les mêmes rapports que s'ils avaient surgi spontanément. Pour que le nom de substitution devienne conscient, il faut d'abord un effort d'attention et, ensuite, la présence d'une condition, en rapport avec les matériaux psychiques. Cette dernière condition doit, à mon avis, être cherchée dans la plus ou moins grande facilité avec laquelle s'établit la nécessaire association extérieure entre les deux éléments. C'est ainsi que bon nombre de cas d'oublis de noms sans fausse réminiscence se rattachent aux cas avec formation de noms de substitution, c'est-à-dire aux cas justiciables du mécanisme que nous a révélé l'exemple Signorelli. Mais je n'irai certainement pas jusqu'à affirmer que tous les cas d'oublis de noms peuvent être rangés dans cette catégorie. Il y a certainement des oublis de noms où les choses se passent d'une façon beaucoup plus simple. Aussi ne risquons-nous pas de dépasser les bornes de la prudence, en résumant la situation de la façon suivante : *à côté du simple oubli d'un nom propre, il existe des cas où l'oubli est déterminé par le refoulement .*

1. Ce chapitre et les suivants sont extraits de *Psychopathologie de la vie quotidienne* , Paris, Payot, coll. « Petite Bibliothèque Payot », 2001.

Chapitre III
Oubli de mots appartenant à des langues étrangères

Le vocabulaire usuel de notre langue maternelle semble, dans les limites du fonctionnement normal de nos facultés, préservé contre l'oubli. Il en est, on le sait, autrement des mots appartenant à des langues étrangères. Dans ce dernier cas, la disposition à l'oubli existe pour toutes les parties du discours, et nous avons un premier degré de perturbation fonctionnelle dans l'irrégularité avec laquelle nous manions une langue étrangère, selon notre état général et notre degré de fatigue. Dans certains cas, l'oubli de mots étrangers obéit au mécanisme que nous avons décrit à propos du cas Signorelli. Je citerai, à l'appui de cette affirmation, une seule analyse, mais pleine de détails précieux, relative à l'oubli d'un mot non substantif, faisant partie d'une citation latine. Qu'on me permette de relater ce petit accident en détail et d'une façon concrète.

L'été dernier, j'ai renouvelé, toujours au cours d'un voyage de vacances, la connaissance d'un jeune homme de formation universitaire et qui (je ne tardai pas à m'en apercevoir) était au courant de quelques-unes de mes publications psychologiques. Notre conversation, je ne sais trop comment, tomba sur la situation sociale à laquelle nous appartenions tous deux et lui, l'ambitieux, se répandit en plaintes sur l'état d'infériorité auquel était condamnée sa génération, privée de la possibilité de développer ses talents et de satisfaire ses besoins. Il termina sa diatribe passionnée par le célèbre vers de Virgile, dans lequel la malheureuse Didon s'en remet à la postérité du soin de la venger de l'outrage que lui a infligé Énée : *Exoriare...* , voulait-il dire, mais, ne pouvant pas reconstituer la citation, il chercha à dissimuler une lacune évidente de sa mémoire, en intervertissant l'ordre des mots : *Exoriar(e) ex nostris ossibus ultor !* Il me dit enfin, contrarié :

« Je vous en prie, ne prenez pas cette expression moqueuse, comme si vous trouviez plaisir à mon embarras. Venez-moi plutôt en aide. Il manque quelque chose à ce vers. Voulez-vous m'aider à le reconstituer ?

— Très volontiers, répondis-je, et je citai le vers complet : "Exoriar(e) *aliquis nostris* ex ossibus ultor !"

— Que c'est stupide d'avoir oublié un mot pareil ! D'ailleurs, à vous entendre, on n'oublie rien sans raison. Aussi serais-je très curieux de savoir comment j'en suis venu à oublier ce pronom indéfini *aliquis* .

J'acceptai avec empressement ce défi, dans l'espoir d'enrichir ma collection d'un nouvel exemple. Je dis donc :

— Nous allons le voir. Je vous prie seulement de me faire part *loyalement* et *sans critique* de tout ce qui vous passera par la tête, lorsque vous dirigerez votre attention, sans aucune intention définie, sur le mot oublié[1] .

— Fort bien ! Voilà que me vient l'idée ridicule de décomposer le mot en *a* et *liquis* .

— Qu'est-ce que cela signifie ?

— Je n'en sais rien.

— Quelles sont les autres idées qui vous viennent à ce propos ?

— *Reliques. Liquidation. Liquide. Fluide.* Cela vous dit-il quelque chose ?

— Non, rien du tout. Mais continuez.

— Je pense, dit-il avec un sourire sarcastique, à Simon de *Trente* , dont j'ai, il y a deux ans, vu les reliques dans une église de Trente. Je pense aux accusations de meurtres rituels qui, en ce moment précisément, s'élèvent de nouveau contre les Juifs, et je pense aussi à l'ouvrage de Kleinpaul qui voit dans ces prétendues victimes des Juifs des incarnations, autant dire de nouvelles éditions, du Sauveur.

— Cette dernière idée n'est pas tout à fait sans rapport avec le sujet dont nous nous entretenions, avant que vous ait échappé le mot latin.

— C'est exact. Je pense ensuite à un article que j'ai lu récemment dans un journal italien. Je crois qu'il avait pour titre : "L'opinion de saint Augustin sur les femmes". Quelles conclusions tirez-vous de tout cela ?

— J'attends.

— Et maintenant me vient une idée qui, elle, est certainement sans rapport avec notre sujet.

— Je vous en prie, abstenez-vous de toute critique.

— Vous me l'avez déjà dit. Je me souviens d'un superbe vieillard que j'ai rencontré la semaine dernière au cours de mon voyage. Un vrai *original* . Il ressemble à un grand oiseau de proie. Et, si vous voulez le savoir, il s'appelle *Benoît* .

— Voilà du moins toute une série de saints et de pères de l'Église : saint Simon, saint Augustin, saint Benoît. Un autre père de l'Église s'appelait, je crois, *Origène* (*Origines*). Trois de ces noms sont d'ailleurs des prénoms comme *Paul* dans *Kleinpaul* .

— Et maintenant je pense à *saint Janvier* et au miracle de son sang. Mais tout cela se suit mécaniquement.

— Laissez ces observations. Saint Janvier et saint Augustin font penser tous deux au calendrier. Voulez-vous bien me rappeler le miracle du sang ?

— Très volontiers. Dans une église de Naples, on conserve dans une fiole le sang de saint Janvier qui, grâce à un miracle, *se liquéfie* de nouveau tous les ans, un certain jour de fête. Le peuple tient beaucoup à ce miracle et se montre très mécontent lorsqu'il est retardé, comme ce fut une fois le cas, lors de l'occupation française. Le général commandant – n'était-ce pas *Garibaldi* ? – prit alors le curé à part et, lui montrant d'un geste significatif les soldats rangés dehors, lui dit qu'il espérait que le miracle ne tarderait pas à s'accomplir. Et il s'accomplit en effet.

— Et ensuite ? Continuez donc. Pourquoi hésitez-vous ?

— Je pense maintenant à quelque chose... Mais c'est une chose trop intime pour que je vous en fasse part... Je ne vois d'ailleurs aucun rapport entre cette chose et ce qui nous intéresse et, par conséquent, aucune nécessité de vous la raconter...

— Pour ce qui est du rapport, ne vous en préoccupez pas. Je ne puis certes pas vous forcer à me raconter ce qui vous est désagréable ; mais alors ne me demandez pas de vous expliquer comment vous en êtes venu à oublier ce mot *aliquis*.

— Réellement ? Croyez-vous ? Et bien, j'ai pensé tout à coup à une dame dont je pourrais facilement recevoir une nouvelle aussi désagréable pour elle que pour moi.

— La nouvelle que ses règles sont arrêtées ?

— Comment avez-vous pu le deviner ?

— Sans aucune difficulté. Vous m'y avez suffisamment préparé. Rappelez-vous *tous les saints du calendrier* dont vous m'avez parlé, le récit sur *la liquéfaction du sang s'opérant un jour déterminé*, sur *l'émotion qui s'empare des assistants lorsque cette liquéfaction n'a pas lieu*, sur *la menace à peine déguisée que, si le miracle ne s'accomplit pas, il arrivera ceci et cela...* Vous vous êtes servi du miracle de saint Janvier d'une façon remarquablement allégorique, comme d'une représentation imagée de ce qui vous intéresse concernant les règles de la dame en question.

— Et je l'ai fait sans le savoir. Croyez-vous vraiment que si j'ai été incapable de reproduire le mot *aliquis*, ce fut à cause de cette attente anxieuse ?

— Cela me paraît hors de doute. Rappelez-vous seulement votre décomposition du mot en *a* et *liquis* et les associations : *reliques*, *liquidation*, *liquide*. Dois-je encore faire rentrer dans le même ensemble le saint Simon, sacrifié alors qu'il était encore enfant et auquel vous avez pensé, après avoir parlé de reliques ?

— Abstenez-vous en plutôt. J'espère que, si j'ai réellement eu ces idées, vous ne les prenez pas au sérieux. Je vous avouerai en revanche que la dame dont il s'agit est une Italienne, en compa gnie de laquelle j'ai d'ailleurs visité Naples. Mais ne s'agirait-il pas dans tout cela de coïncidences fortuites ?

— À vous de juger si toutes ces coïncidences se laissent expliquer par le seul hasard. Mais je tiens à vous dire que toutes les fois où vous voudrez analyser des cas de ce genre, vous serez infailliblement conduit à des "hasards" aussi singuliers et remarquables. "

J'ai plus d'une raison d'attacher une grande valeur à cette petite analyse dont je suis redevable à l'obligeant concours de mon compagnon de voyage d'alors. En premier lieu, il m'a été possible, dans ce cas, de puiser à une source qui m'est généralement refusée. Je suis, en effet, obligé le plus souvent d'emprunter à mon auto-observation les exemples de troubles fonctionnels d'ordre psychique, survenant dans la vie quotidienne et que je cherche à réunir ici. Quant aux matériaux beaucoup plus abondants que m'offrent mes malades névrosés, je cherche à les éviter, afin de ne pas voir m'opposer l'objection que les phénomènes que je décris constituent précisément des effets et des manifestations de la névrose. Aussi suis-je heureux d'une santé psychique parfaite et qui veut bien se soumettre à une analyse de ce genre. Sous un autre rapport encore, cette analyse me paraît importante, puisqu'elle porte sur un cas d'oubli de mot sans souvenir de substitution, ce qui confirme la proposition que j'ai formulée plus haut, à savoir que l'absence ou la présence de souvenirs de substitution incorrects ne crée pas de différence essentielle entre les diverses catégories de cas[2].

Le principal intérêt de l'exemple *aliquis* réside dans une autre des différences qui le séparent du cas *Signorelli* . Dans ce dernier, en effet, la reproduction du nom est troublée par la réaction d'une suite d'idées commencée et interrompu quelque temps auparavant, mais dont le contenu ne présentait aucun rapport apparent avec le sujet de conversation suivant, dans lequel figurait le nom Signorelli. Entre le sujet refoulé et celui où figurait le nom oublié, il y avait tout simplement le rapport de contiguïté dans le temps ; mais ce rapport a suffi à rattacher les deux sujets l'un à l'autre par une association extérieure[3] . Dans l'exemple *aliquis* , au contraire, il n'y a pas trace d'un sujet indépendant et refoulé qui, ayant peu auparavant occupé la pensée consciente, aurait réagi ensuite comme élément perturbateur. Dans ce cas, le trouble de la production vient du sujet lui-même, à la suite d'une contradiction inconsciente qui s'élève contre l'idée-désir exprimée dans le vers cité. Voici quelle serait la genèse de l'oubli du mot *aliquis* – mon interlocuteur se plaint de ce que la génération actuelle de son peuple ne jouisse pas de tous les droits auxquels elle peut prétendre, et il prédit, comme Didon, qu'une nouvelle génération viendra qui vengera les opprimés aujourd'hui. Ce disant, il s'adressait mentalement à la postérité, mais dans le même instant une idée, en contradiction avec son désir, se présenta à son esprit : « Est-il bien vrai que tu désires si vivement avoir une postérité à toi ? Ce n'est pas vrai. Quel serait ton embarras, si tu recevais d'un instant à l'autre, d'une personne que tu connais, la nouvelle t'annonçant l'espoir d'une postérité ! Non, tu ne veux pas de postérité, quelque grande que soit ta soif de vengeance. " Cette contradiction se manifeste, exactement comme dans l'exemple Signorelli, par une association extérieure entre un des éléments de représentation de mon interlocuteur et un des éléments du désir contrarié ; mais cette fois l'association s'effectue d'une façon extrêmement violente et suivant des voies qui paraissent artificielles. Une autre analogie essentielle avec le cas *Signorelli* consiste dans le fait que la contradiction vient de sources refoulées et est provoquée par des idées qui ne pourraient que détourner l'attention.

Voilà ce que nous avions à dire concernant les différences et les ressemblances internes entre les deux exemples d'oubli de noms.

Nous venons de constater l'existence d'un deuxième mécanisme de l'oubli, consistant dans la perturbation d'une idée par une contradiction intérieure venant d'une source refoulée. Ce mécanisme, qui nous apparaît comme le plus facile à comprendre, nous aurons encore plus d'une fois l'occasion de le retrouver au cours de nos recherches.

Chapitre IV
Oubli de noms et de suites de mots

L'expérience que nous venons d'acquérir quant au mécanisme de l'oubli d'un mot faisant partie d'une phrase en langue étrangère nous autorise à nous demander si l'oubli de phrases en langue maternelle admet la même explication. On ne manifeste généralement aucun étonnement devant l'impossibilité où l'on se trouve de reproduire fidèlement et sans lacunes une formule ou une poésie qu'on a, quelque temps auparavant, apprise par cœur. Mais comme l'oubli ne porte pas uniformément sur tout l'ensemble de ce qu'on a appris, mais seulement sur certains de ses éléments, il n'est peut-être pas sans intérêt de soumettre à un examen analytique quelques exemples de ces reproductions devenues incorrectes.

Un de mes jeunes collègues qui, au cours d'un entretien que j'eus avec lui, exprima l'avis que l'oubli de poésies en langue maternelle pouvait bien avoir les mêmes causes que l'oubli de mots faisant partie d'une phrase étrangère, voulut bien s'offrir comme sujet d'expérience, afin de contribuer à l'élucidation de cette question. Comme je lui demandais sur quelle poésie allait porter notre expérience, il me cita « La Fiancée de Corinthe ", de Goethe, poème qu'il aimait beaucoup et dont il croyait savoir par cœur certaines strophes du moins. Mais voici qu'il éprouve, dès le premier vers, une incertitude frappante : « Faut-il dire : *se rendant de Corinthe à Athènes*, ou : *se rendant d'Athènes à Corinthe* ? " J'éprouvai moi-même un moment d'hésitation, mais je finis par faire observer en riant que le titre du poème : « La Fiancée de Corinthe " ne laisse aucun doute quant à la direction suivie par le jeune homme. La reproduction de la première strophe s'effectua assez bien ou, du moins, sans déformation choquante. Après le premier vers de la deuxième strophe, mon collègue sembla chercher un moment ; mais il se reprit aussitôt et récita ainsi :

Aber wird er auch willkommen scheinen,
Und sie sind Christen und getauft.

(Mais sera-t-il le bienvenu / maintenant que chaque jour apporte quelque chose de nouveau ? / Car lui et les siens sont encore païens, / tandis qu'eux sont chrétiens et baptisés.)

Depuis quelque temps déjà, je l'écoutais un peu étonné ; mais après qu'il eut prononcé le dernier vers, nous reconnûmes tous deux qu'une déformation s'était glissée dans cette strophe. N'ayant pas réussi à la corriger, nous allâmes chercher dans la bibliothèque le volume des poésies de Goethe, et grand fut notre étonnement de constater que le deuxième vers de cette strophe avait été remplacé par une phrase qui était, d'un bout à l'autre, de l'invention du collègue. Voici le texte correct de ce vers :

Wenn er es nicht mit der Kunst erkauft,

D'ailleurs, le mot *erkauft* (du deuxième vers authentique) rime avec *getauft* (du quatrième vers), et il m'a paru singulier que la constellation de ces mots : *païen* , *chrétien* et *baptisés* ne lui ait pas facilité la reproduction du texte.

« Pourriez-vous m'expliquer, demandai-je à mon collègue, comment vous en êtes venu à oublier si complètement ce vers d'une poésie qui, d'après ce que vous prétendez, vous est si familière ? Et avez-vous une idée de la source d'où provient la phrase que vous avez substituée au vers oublié ? "

Il était à même de donner l'explication que je lui demandais, mais il était évident qu'il ne le faisait pas très volontiers.

« La phrase : *maintenant que chaque jour apporte quelque chose de nouveau* , ne m'est pas inconnue ; je crois l'avoir employée récemment en parlant de ma clientèle dont l'extension, vous le savez, est pour moi actuellement une source de grande satisfaction. Mais pourquoi ai-je mis cette phrase dans la strophe que je viens de réciter ? Il doit certainement y avoir une raison à cela. Il est évident que la phrase : *s'il n'achète pas cher cette faveur* , ne m'était pas agréable. Cela se rattache à une demande en mariage qui a été repoussée une première fois, mais que je me propose de renouveler, étant donné que ma situation matérielle s'est améliorée. Je ne puis vous en dire davantage, mais il ne peut certainement pas m'être agréable de penser que, si ma demande est accueillie cette fois, ce sera par simple calcul, de même que c'est par calcul qu'elle a été repoussée la première fois. "

L'explication m'avait paru suffisante, et j'aurais pu, à la rigueur, m'abstenir de demander plus de détails. Je n'en insistai pas moins : « Mais comment en êtes-vous venu, d'une façon générale, à introduire votre personne et vos affaires privées dans le texte de "La Fiancée de Corinthe" ? Y aurait-il dans votre cas une différence de religion, comme entre les fiancés du poème de Goethe ? "

Kommt ein Glaube neu
Wie ein böses Unkraut ausgerauft.)

(Une nouvelle foi / arrache comme une mauvaise herbe / amour et fidélité.)

Je n'ai pas deviné juste, mais j'ai pu constater à quel point une question bien orientée est capable d'éclairer un homme sur des choses dont il n'avait pas conscience auparavant. C'est ainsi que mon interlocuteur me regarda avec une expression de souffrance et de mécontentement, récita à mi-voix, comme pour lui-même, un autre passage du poème :

Sieh sie an genau !
Morgen ist sie grau.

(Regarde-la bien ! / Demain elle sera grise.)

et ajouta : « Elle est un peu plus âgée que moi. "

Ne voulant pas le peiner davantage, j'ai interrompu l'interrogatoire. J'étais suffisamment édifié. Mais ce qui était remarquable dans ce cas, c'est que, dans mon effort pour remonter à la cause d'une lacune en apparence anodine de la mémoire, j'en sois venu à me trouver en présence de circonstances profondes, intimes, associées chez mon interlocuteur à des sentiments pénibles.

Voici maintenant un autre cas d'oubli d'une phrase faisant partie d'une poésie connue. Ce cas a été publié par C.G. Jung[2] et je le reproduis textuellement.

Un monsieur veut réciter la célèbre poésie (de Henri Heine) : « Un pin se dresse solitaire, etc. " À la phrase qui commence par : « il a sommeil ", il s'arrête impuissant, ayant complètement oublié les mots : « d'une blanche couverture[3] ". Un pareil oubli dans un vers si connu m'a paru étonnant, et j'ai prié le sujet de reproduire librement tout ce qui lui passerait par la tête en rapport avec ces mots : « d'une blanche couverture ". Il en résulta la série suivante : – À propos de couverture blanche, on pense à un linceul – à une toile avec laquelle on recouvre un mort – (pause) – et maintenant je pense à un ami cher – son frère vient de mourir subitement – il paraît qu'il est mort d'une attaque d'apoplexie – il avait d'ailleurs, *lui aussi* , une forte corpulence – mon ami a *la même* constitution et j'ai déjà pensé qu'il pourrait bien mourir de la *même* façon – il se donne probablement peu de mouvement – lorsque j'ai appris la mort, je suis devenu subitement anxieux, j'ai peur de mourir d'un accident semblable, car nous avons tous dans notre famille une tendance à l'embonpoint, et mon grand-père est mort, *lui aussi* , d'une attaque ; je me trouve trop gros et j'ai commencé ces jours derniers une cure d'amaigrissement.

Le monsieur, ajoute Jung, s'est ainsi, sans s'en rendre compte, identifié avec le pin entouré d'un linceul blanc.

L'exemple suivant, dont je suis redevable à mon ami Sándor Ferenczi, de Budapest, se rapporte, non, comme les précédents, à des phrases empruntées à des poètes, mais au propre discours du sujet. Cet exemple nous met en présence d'un de ces cas, qui ne sont d'ailleurs pas très fréquents, où l'oubli se met au service de notre prudence, lorsque nous sommes sur le point de succomber à un désir impulsif. L'acte manqué acquiert alors la valeur d'une fonction utile. Une fois dégrisés, nous approuvons ce mouvement interne qui, pendant que nous étions sous l'empire du désir, ne pouvait se manifester que par un lapsus, un oubli, une impuissance psychique.

Dans une réunion, quelqu'un prononce la phrase : « Tout comprendre, c'est tout pardonner. " Je remarque à ce propos que la première partie de la phrase suffit ; vouloir « pardonner ", c'est émettre une présomption, le pardon étant affaire de Dieu et de ses serviteurs. Un des assistants trouve mon observation très juste ; je me sens encouragé et, voulant sans doute justifier la bonne opinion du critique indulgent, je déclare avoir eu récemment une idée encore plus intéressante. Je veux exposer cette idée, mais n'arrive pas à m'en souvenir. Je me retire aussitôt et commence à écrire les associations libres qui me viennent à l'esprit. Ce sont : d'abord le nom de l'ami qui a assisté à la naissance de l'idée en question et celui de la rue où elle est née ; puis me vient à l'esprit le nom d'un autre ami, *Max*, que nous avons l'habitude d'appeler Maxi. Ceci me suggère le mot *maxime* et, à ce propos, je me souviens qu'il s'agissait alors, comme cette fois, de la modification d'une maxime connue. Mais, chose singulière, ce souvenir fait surgir dans mon esprit, non une maxime, mais ce qui suit : « *Dieu a créé l'homme à son image* " et la variante de cette phrase : « *L'homme a créé Dieu à son image à lui*. " À la suite de quoi, je retrouve aussitôt dans mes souvenirs ce que je cherchais :

« Mon ami me dit alors dans la rue Andrassy : "Rien de ce qui est humain ne m'est étranger", à quoi je lui répondis, faisant allusion aux expériences psychanalytiques : "Tu devrais aller plus loin et avouer que rien de bestial ne t'est étranger."

« Après avoir enfin retrouvé mon souvenir, je m'aperçus qu'il ne m'était guère possible d'en faire part à la société dans laquelle je me trouvais. La jeune femme de l'ami auquel j'ai rappelé la nature animale de notre inconscient se trouvait parmi les assistants, et je savais fort bien qu'elle n'était nullement préparée à entendre des choses aussi peu réjouissantes. L'oubli m'a épargné toute une série de questions désagréables de sa part et une discussion interminable. Telle fut sans doute la raison de mon "amnésie temporaire".

« Fait intéressant : l'idée de substitution s'est exprimée dans une proposition dans laquelle Dieu se trouvait descendu au niveau d'une invention humaine, tandis que la proposition que je cherchais insistait sur le rôle animal de l'homme. Donc, *capitis diminutio* dans les deux cas. Le tout n'est évidemment que la suite de l'enchaînement d'idées sur "comprendre et pardonner", provoqué par la conversation ".

« À remarquer que si j'ai réussi à trouver rapidement la phrase cherchée, ce fut sans doute grâce à l'idée que j'ai eue de me retirer de la société qui infligeait à cette phrase une sorte de censure, pour m'isoler dans une pièce vide. "

J'ai, depuis, analysé de nombreux autres cas d'oubli ou de reproduction défectueuse de suites de mots et j'ai eu l'occasion de constater que le mécanisme de l'oubli, tel que nous l'avons dégagé dans les exemples *aliquis* et « La Fiancée de Corinthe ", s'applique à la quasi-généralité des cas. Il n'est pas toujours commode de communiquer ces analyses, car on est obligé le plus souvent, comme dans les précédentes, de toucher à des choses intimes et quelquefois pénibles pour le sujet de l'expérience ; aussi m'abstiendrai-je de multiplier les exemples. Ce qui reste commun à tous les cas, en dépit des différences qui existent entre leurs contenus, c'est que les mots oubliés ou défigurés se trouvent mis en rapport, en vertu d'une association quelconque, avec une idée inconsciente, dont l'action visible se manifeste précisément par l'oubli.

Je reviens donc à l'oubli de noms dont nous n'avons encore épuisé ni la casuistique ni les mobiles. Comme je puis de temps à autre observer sur moi-même cette sorte d'acte manqué, les exemples qui s'y rapportent ne me manquent pas. Les légers accès de migraine dont je souffre encore aujourd'hui s'annoncent quelques heures auparavant par l'oubli de noms, et au plus fort de l'accès, alors que je reste parfaitement capable de continuer mon travail, je perds souvent le souvenir de tous les noms propres. Or, on pourrait précisément alléguer des cas comme le mien, pour opposer une objection de principe à tous nos efforts analytiques. Ne résulterait-il pas d'observations de ce genre que la cause de la tendance à l'oubli, et plus particulièrement à l'oubli de noms propres, réside dans des troubles de la circulation et dans des troubles fonctionnels généraux du cerveau et qu'on ferait bien de renoncer aux essais d'explication psychologique des phénomènes en question ? Je ne le pense pas ; ce serait confondre le mécanisme d'un processus, uniforme dans tous les cas, avec les circonstances, variables et pas toujours nécessaires, susceptibles de le favoriser. Mais, au lieu de m'engager dans une discussion, je vais essayer de réfuter l'objection à l'aide d'une comparaison.

Supposons qu'ayant poussé l'imprudence jusqu'à m'aventurer, à une heure avancée de la nuit, dans un quartier désert de la ville, j'aie été assailli par des malfaiteurs et dépouillé de ma montre et de ma bourse. Je me rends alors au poste de police le plus proche et fais une déclaration ainsi conçue : pendant que je me trouvais dans telle ou telle rue, la solitude et l'obscurité m'ont dépouillé de ma montre et de ma bourse. Tout en ne disant ainsi rien qui ne fût exact, je ne m'en exposerais pas moins à être pris pour un homme qui n'est pas tout à fait sain d'esprit. Pour décrire correctement la situation, je dois dire que, favorisés par la solitude du lieu et protégés par l'obscurité, des malfaiteurs inconnus m'ont dépouillé de mes objets précieux. Or, la situation, telle qu'elle se présente dans l'oubli, est exactement la même : favorisée par mon état de fatigue, par des troubles de la circulation et par l'intoxication, une force inconnue m'ôte la faculté de disposer des noms propres déposés dans ma mémoire, et c'est la même force qui, dans d'autres cas, peut produire les mêmes troubles de la mémoire, en dépit d'un état de santé parfait et d'un fonctionnement normal.

Lorsque j'analyse les cas d'oubli de noms que j'ai observés sur moi-même, je constate presque régulièrement que le nom oublié se rapporte à un sujet qui touche ma personne de près et est capable de provoquer en moi des sentiments violents, souvent pénibles. Me conformant à l'usage commode et vraiment recommandable introduit par l'école suisse (Bleuler, Jung, Riklin), je puis exprimer ce que je viens de dire sous la forme suivante : le nom oublié frôle chez moi un « complexe personnel ". Le rapport qui s'établit entre le nom et ma personne est un rapport inattendu, le plus souvent déterminé par une association superficielle (double sens du mot, même consonance) ; on peut le qualifier, d'une façon générale, de rapport latéral. Pour bien faire comprendre sa nature, je citerai maintenant quelques exemples très simples.

Un de mes patients me prie de lui indiquer une station thermale sur la Riviera. Je connais une station de ce genre tout près de Gênes, je me rappelle même le nom du collègue allemand qui y exerce, mais je suis incapable de nommer la station que je crois pourtant bien connaître. Il ne me reste qu'à prier le patient d'attendre quelques instants et à aller me renseigner auprès d'une personne de ma famille.

« Comment donc s'appelle cet endroit près de Gênes, où le Dr N. possède un petit établissement dans lequel toi et telle autre dame avez été si longtemps en traitement ?

— Et dire que c'est toi qui oublies son nom ! Il s'appelle *Nervi* . "

C'est que *Nervi* sonne comme *Nerven* (nerfs), et les nerfs constituent l'objet de mes occupations et préoccupations constantes.

Un autre de mes patients parle d'une villégiature toute proche et affirme qu'il y existe, en plus des deux auberges connues, une troisième à laquelle se rattache pour lui un certain souvenir et dont il me dira le nom dans un instant. Je conteste l'existence de cette troisième auberge et invoque, à l'appui de mes dires, le fait que j'ai passé dans l'endroit en question sept étés consécutifs et que je le connais, par conséquent, mieux que mon interlocuteur. Excité par la contradiction, celui-ci finit par se rappeler le nom. L'auberge s'appelle *Der Hochwartner* . Je suis obligé de céder et d'avouer que j'ai habité pendant sept étés consécutifs dans le voisinage immédiat de cette auberge dont je niais tout à l'heure l'existence. Mais pourquoi ai-je oublié la chose et le nom ? Je crois que c'est parce que ce nom ressemble beaucoup à celui d'un de mes confrères en spécialité habitant Vienne ; il se rapporte donc chez moi à un complexe « professionnel ".

Une autre fois, étant sur le point de prendre un billet à la gare de *Reichenhall*, je ne puis me souvenir du nom de la grande gare la plus proche, bien que je l'aie souvent traversée. Je suis obligé de me mettre très sérieusement à le chercher sur le plan. Cette gare s'appelle *Rosenheim*. Je vois aussitôt en vertu de quelle association son nom m'avait échappé. Une heure auparavant, j'ai fait une visite à ma sœur dans sa villégiature près de Reichenhall ; ma sœur s'appelle *Rosa* ; l'endroit qu'elle habitait était donc pour moi un *Rosenheim* (« séjour de Rose "). C'est ainsi que dans ce cas l'oubli a été déterminé par un « complexe familial ".

Je suis à même de prouver cette action vraiment dévastatrice du « complexe familial " sur toute une série d'exemples.

Un jour se présente à ma consultation un jeune homme. C'est le frère cadet d'une de mes patientes ; je l'ai déjà vu un nombre incalculable de fois et j'ai l'habitude de l'appeler par son prénom. Lorsque je voulus ensuite parler de sa visite, je fus absolument incapable, malgré tous les artifices auxquels j'eus recours, de me rappeler son prénom qui, je le savais fort bien, n'avait rien d'extraordinaire. Je sortis alors dans la rue et me mis à lire les enseignes ; la première fois que son nom me tomba sous les yeux, je le reconnus sans hésitation aucune. L'analyse m'a appris que j'avais établi, entre mon jeune visiteur et mon propre frère, une comparaison qui impliquait cette question refoulée : dans une circonstance analogue, mon frère se serait-il comporté de la même manière ou mieux ? L'association extérieure entre l'idée se rapportant à ma propre famille et celle se rapportant à une famille étrangère était favorisée par cette circonstance purement fortuite que les deux mères portaient le même prénom : Amalia. C'est plus tard seulement que j'ai compris les noms de substitution : Daniel et Franz, qui se sont présentés à mon esprit, sans me renseigner sur la situation. Ces deux noms, ainsi qu'Amalia, sont des noms de personnages des *Brigands* , de Schiller, auxquels se rattache une plaisanterie du boulevardier viennois *Daniel Spitzer* .

Une autre fois je me trouve dans l'impossibilité de me souvenir du nom d'un de mes patients qui faisait partie de mes relations de jeunesse. L'analyse me fait faire un long détour, avant de me révéler ce nom. Le malade avait manifesté la crainte de devenir aveugle ; ceci éveilla en moi le souvenir d'un jeune homme qui est devenu aveugle à la suite d'une blessure par arme à feu ; ce souvenir, à son tour, fit surgir l'image d'un autre jeune homme qui s'était suicidé en se tirant une balle de revolver et qui portait le même nom que le premier patient auquel il n'était d'ailleurs pas apparenté. Mais je n'ai retrouvé le nom qu'après m'être rendu compte que j'avais inconsciemment reporté sur une personne de ma propre famille l'attente angoissante du malheur qui avait frappé les deux jeunes gens dont je viens de parler.

C'est ainsi que ma pensée est traversée par un courant constant « de rapports personnels ", dont je n'ai généralement aucune connaissance, mais qui se manifeste par l'oubli de noms. C'est comme si quelque chose me poussait à rapporter à ma propre personne tout ce que j'entends dire et raconter concernant des tiers, comme si tout renseignement relatif à des tiers éveillait mes complexes personnels. Il ne s'agit certainement pas là d'une particularité individuelle ; j'y vois plutôt une indication quant à la manière dont nous devons comprendre ce qui est « autre ", c'est-à-dire ce qui n'est pas nous-mêmes. Et j'ai, en outre, des raisons de croire que chez les autres individus les choses se passent exactement comme chez moi.

Le plus bel exemple de ce genre est celui qui m'a été raconté par un M. Lederer. Il rencontra, au cours de son voyage de noces, un monsieur qu'il connaissait à peine et qu'il devait présenter à sa jeune femme. Mais ayant oublié le nom de ce monsieur, il se tira d'affaire une première fois par un murmure indistinct. Ayant ensuite rencontré le même monsieur une deuxième fois (et à Venise les rencontres entre voyageurs sont inévitables), il le prit à part et le pria de le tirer d'embarras, en lui disant son nom qu'il avait malheureusement oublié. La réponse de l'étranger montre qu'il était un profond psychologue : « Je comprends bien que vous n'ayez pas retenu mon nom. Je m'appelle comme vous : Lederer ! " On ne peut se défendre d'un sentiment quelque peu désagréable, lorsqu'on retrouve son propre nom porté par un étranger. J'ai récemment éprouvé très nettement un sentiment de ce genre, lorsque je vis se présenter à ma consultation un monsieur qui me dit s'appeler S. Freud. Je prends toutefois acte de l'assurance de l'un de mes critiques qui affirme qu'il se comporte dans le cas de ce genre d'une manière opposée à la mienne.

On retrouve l'effet du « rapport personnel " dans le cas suivant, communiqué par C.G. Jung[4] .

« Un monsieur Y aimait sans retour une dame qui ne tarda pas à épouser un monsieur X. Or, bien que Y connaisse depuis longtemps X et se trouve même avec lui en relations d'affaires, il oublie constamment son nom, au point qu'il est souvent obligé, lorsqu'il veut écrire à X, de demander son nom à des tierces personnes. "

Dans ce cas, cependant, les motifs de l'oubli sont plus transparents que dans les précédents, régis par la loi du « rapport personnel ". Ici l'oubli apparaît comme une conséquence directe de l'antipathie que Y éprouve à l'égard de son heureux rival ; il ne veut rien savoir de lui : « Qu'il ne soit pas question de lui[5] . "

Le motif de l'oubli d'un nom peut aussi être d'un caractère plus fin et résider dans une colère pour ainsi dire « sublimée " à l'égard de son porteur. C'est ainsi qu'une demoiselle J. de K., de Budapest, écrit :

« Je me suis composé une petite théorie. J'ai observé notamment que des hommes doués pour la peinture ne comprennent rien en musique, et inversement. Il y a quelque temps, je m'entretenais là-dessus avec quelqu'un à qui je dis : "Jusqu'à présent ma constatation s'est toujours vérifiée, à l'exception d'un seul cas." Mais lorsque je voulus citer le nom de cette seule personne formant exception à ma règle, je fus hors d'état de me le rappeler, tout en sachant que le porteur de ce nom était un de mes amis les plus intimes. En entendant, quelques jours plus tard, prononcer par hasard ce nom, je le reconnus aussitôt comme étant celui du démolisseur de ma théorie. La colère que, sans m'en rendre compte, je nourrissais à son égard, s'était manifestée par l'oubli de son nom, qui m'était cependant si familier. "

Dans le cas suivant, communiqué par Ferenczi et dont l'analyse est surtout instructive par l'explication des substitutions (comme Botticelli-Boltraffio, à la place de Signorelli), le « rapport personnel " a provoqué l'oubli d'un nom par une voie quelque peu différente.

« Une dame, ayant un peu entendu parler de psychanalyse, ne peut se rappeler le nom du psychiatre Jung.

« À la place de ce nom se présentent les substitutions suivantes : *Kl.* (un nom) – *Wilde* – *Nietzsche* – *Hauptmann* .

« À propos de Kl., elle pense aussitôt à madame Kl., qui est une personne affectée, parée, mais paraissant plus jeune qu'elle n'est en réalité. Elle *ne vieillit pas* . Comme notion supérieure, commune à *Wilde* et à *Nietzsche* , elle donne : *maladie mentale* . Elle dit ensuite d'un ton railleur : "Vous autres freudiens, vous cherchez les causes des maladies mentales, jusqu'à ce que vous deveniez vous-mêmes *mentalement malades* ." Et puis : "Je ne supporte pas *Wilde* et

Nietzsche ; je ne les comprends pas. Je me suis laissé dire qu'ils étaient l'un et l'autre homosexuels. Wilde avait un faible pour les *jeunes* gens" (bien qu'elle ait prononcé dans cette dernière phrase, en hongrois il est vrai, le nom correct[6] , elle est toujours incapable de s'en souvenir).

« À propos de *Hauptmann* , elle pense à *Halbe* [7] , puis à *Jeunesse* [8] , et alors seulement, après que j'ai orienté son attention vers le mot *Jeunesse* , elle s'aperçoit que c'est le nom *Jung* qu'elle cherchait.

« D'ailleurs, cette dame ayant perdu son mari, lorsqu'elle avait trente-neuf ans, et ayant renoncé à tout espoir de se remarier, avait de bonnes raisons de se soustraire à tout souvenir se rapportant à l'âge. Ce qui est remarquable dans ce cas, c'est l'association purement interne (association de contenu) entre les noms de substitution et le nom cherché et l'absence d'associations tonales. "

Voici un autre exemple d'oubli de nom, finement motivé et que l'intéressé lui-même a réussi à élucider.

« Comme j'avais choisi, à titre d'épreuve supplémentaire, la philosophie, mon examinateur m'interrogea sur la doctrine d'Épicure et me demanda les noms des philosophes qui, dans les siècles ultérieurs, se sont occupés de cette doctrine. J'ai donné le nom de Pierre Gassendi, dont j'avais précisément entendu parler, au café, deux jours auparavant, comme d'un disciple d'Épicure. À la question étonnée de l'examinateur : "Comment le savez-vous ?", j'ai répondu sans hésiter que je m'intéressais depuis longtemps à ce philosophe. Cela m'a valu la mention *magna cum laude* (reçu avec éloges), mais malheureusement aussi, dans la suite, une tendance invincible à oublier le nom de Gassendi. Je crois que si je ne puis maintenant, malgré tous mes efforts, retenir ce nom, c'est à ma mauvaise conscience que je le dois. Il aurait mieux valu pour moi ne pas le connaître lors de l'examen. "

Or, pour comprendre l'intensité de l'aversion que notre sujet éprouvait à se souvenir de cette période de ses examens, il faut savoir qu'il attachait une très grande valeur à son titre de docteur, de sorte que le souvenir en question n'était fait que pour diminuer à ses yeux cette valeur.

J'ajoute encore ici un exemple d'oubli du nom d'une ville, exemple moins simple que les précédents, mais que tous ceux qui sont familiarisés avec ce genre de recherches trouveront tout à fait vraisemblable et instructif. Le nom d'une ville italienne échappe au souvenir à cause de sa grande ressemblance phonétique avec un prénom féminin, auquel se rattachent de nombreux souvenirs affectifs dont la communication ne donne d'ailleurs pas une énumération complète. M. Sándor Ferenczi, de Budapest, qui a observé ce cas sur lui-même, l'a traité, et avec raison, comme on analyse un rêve ou une idée névrotique.

« Je me trouvais aujourd'hui dans une famille amie où l'on a parlé, entre autres choses, de villes de Haute-Italie. Quelqu'un remarque à ce propos qu'on peut encore retrouver dans ces villes l'influence autrichienne. On cite plusieurs de ces villes ; je veux moi aussi en nommer une, mais son nom ne me revient pas à la mémoire, bien que je sache que j'y ai passé deux journées très agréables, ce qui ne cadre pas bien avec la théorie de l'oubli formulée par Freud. À la place du nom cherché, les noms et mots suivants se présentent à mon esprit : *Capua* , – *Brescia* , – *Le lion de Brescia* .

« Ce lion, je le vois, comme s'il était devant mes yeux, sous la forme d'une *statue de marbre* , mais je constate aussitôt qu'il ressemble moins au lion du monument de la liberté de Brescia (dont je n'ai vu que la reproduction) qu'au lion de marbre que j'ai vu à *Lucerne* , sur le *tombeau des gardes suisses tombés aux Tuileries* et dont la reproduction en miniature se trouve sur ma bibliothèque. Je retrouve enfin le nom cherché : c'est *Vérone* .

« Je reconnais sans hésitation à qui revient la faute de cette amnésie. La coupable n'est autre qu'une ancienne servante de la famille dont j'étais l'hôte ce jour-là. Elle s'appelait *Véronique* , en hongrois *Verona* , et m'était très antipathique, à cause de sa physionomie absolument repoussante, de sa *voix rauque et criarde* et de son insupportable familiarité (à laquelle elle se croyait autorisée par ses nombreuses années de service dans la maison). La façon *tyrannique* dont elle avait à l'époque traité les enfants de la maison m'était également intolérable. Je savais maintenant ce que signifiaient les noms de substitution.

« Pour *Capoue* j'ai trouvé aussitôt comme association *caput mortuum* : j'ai en effet souvent comparé la tête de Véronique à un crâne *de cadavre* . Le mot hongrois *kapezi* (capacité en matière d'argent) a certainement contribué à ce déplacement. Je retrouve naturellement aussi les voies d'association plus directes qui rattachent l'une à l'autre Capoue et Vérone, en tant qu'unités géographiques et mots italiens ayant le même rythme.

« Il en est de même de Brescia ; mais ici on trouve des associations d'idées qui se sont opérées suivant des voies latérales compliquées.

« Mon antipathie était, à un moment donné, tellement forte que je trouvais Véronique tout simplement répugnante, et plus d'une fois je m'étais demandé avec étonnement comment une créature pareille pouvait avoir une vie amoureuse et être aimée ; à la seule idée de l'embrasser, on éprouve, disais-je, "un sentiment de nausée". Il était cependant certain qu'un rapport existait entre l'idée de Véronique et celle de la garde suisse *tombée* .

« Le nom de Brescia est souvent associé, en Hongrie du moins, non au lion, mais au nom d'une autre bête sauvage. Le nom le plus haï dans ce pays, comme d'ailleurs en Haute-Italie, est celui du général *Haynau* , appelé couramment la *hyène de Brescia* . C'est ainsi que du général haï Haynau un courant d'idées aboutit, à travers Brescia, à Vérone, tandis qu'un autre courant aboutit, à travers l'idée de l'*animal à la voix rauque, déter reur de morts* (hyène) – idée qui entraîne à sa suite la représentation d'un *monument funéraire* – au crâne de cadavre et au désagréable organe vocal de Véronique, si détestée par mon inconscient, de Véronique qui, à une époque, avait exercé dans cette maison une tyrannie aussi insupportable que celle du général autrichien après les luttes pour la liberté en Hongrie et en Italie.

« À *Lucerne* se rattache l'idée de l'été que Véronique avait passé avec ses maîtres sur le Lac des Quatre-Cantons, près de cette ville ; à la *garde suisse* se rattache le souvenir de la tyrannie qu'elle avait exercée non seulement sur les enfants, mais même sur les membres adultes de la famille, en sa qualité usurpée de "dame de compagnie".

« Je tiens à avertir que, dans ma conscience, cette antipathie pour Véronique appartient aux choses depuis longtemps disparues. Depuis l'époque dont je parle, cette femme a beaucoup changé, dans son extérieur et dans ses manières, à son avantage et, les rares fois où j'ai l'occasion de la rencontrer, je lui fais un accueil franchement amical. Mais, comme toujours, mon inconscient garde plus obstinément ses anciennes impressions ; il est "retardataire" et rancunier.

« Les *Tuileries* impliquent une allusion à une autre personne, à une dame française âgée qui, dans de nombreuses occasions, a été la véritable "dame de compagnie" des dames de la maison et que tout le monde, grands et petits, respectait et même craignait un peu. J'ai été moi-même pendant quelque temps son "élève" pour la conversation française. À propos du mot "élève" je me souviens que, pendant mon séjour en Bohême du Nord, chez le beau-frère de mon hôte d'aujourd'hui, j'ai beaucoup ri en entendant les paysans de la région appeler les élèves (*Eleven* en allemand) de l'académie forestière de l'endroit "lions" (*Löwen*). Il est possible que ce plaisant souvenir ait contribué au déplacement de mes idées de l'hyène vers le lion. "

L'exemple qui suit[2] montre également comment un complexe personnel auquel on est soumis à un moment donné peut provoquer, au bout d'un temps assez long, l'oubli d'un nom.

« Deux hommes, l'un plus âgé, l'autre plus jeune, qui, six mois auparavant, avaient voyagé ensemble en Sicile, échangent leurs souvenirs sur les belles journées, pleines d'impressions, qu'ils y ont passées. – Comment s'appelle donc l'endroit, demande le plus jeune, où nous avons passé la nuit, avant de partir pour Selinunt ? N'est-ce pas Calatafimi ? – Non, répond le plus âgé, certainement non, mais j'en ai également oublié le nom, bien que je me souvienne de tous les détails de notre séjour là-bas. Il me suffit de m'apercevoir que quelqu'un a oublié un nom que je connais, pour me laisser gagner par la contagion et oublier, à mon tour, le nom en question. Si nous cherchions ce nom ? Le seul qui me vienne à l'esprit est Caltanisetta, qui n'est certainement pas exact.

– Non, dit le plus jeune, le nom commence par un *w* ou, du moins, contient un *w* . – Et, pourtant, la lettre *w* n'existe pas en italien, dit l'autre. – Je pense à un *v* , mais j'ai dit *w* par habitude, sous l'influence de la langue maternelle. Le plus âgé proteste contre le *v* : Je crois, dit-il, avoir déjà oublié pas mal de noms siciliens. Si l'on faisait quelques expériences ? Comment s'appelle, par exemple, l'endroit élevé qui, dans l'antiquité, s'appelait Enna ? Ah, oui, je me rappelle : Castrogiovanni. L'instant d'après, le plus jeune retrouve le nom oublié ; il s'écrie : Castelvetrano ! et est content de pouvoir prouver à son interlocuteur qu'il avait raison de dire que le nom contenait un *v* . Le plus âgé hésite encore pendant quelque temps ; mais, après s'être décidé à convenir que le nom retrouvé par le plus jeune était bien exact, il veut comprendre la raison pour laquelle il lui avait échappé. – C'est évidemment, pense-t-il, parce que la seconde moitié du nom *vetrano* ressemble à *vétéran* . Je me rends parfaitement compte que je n'aime pas penser aux *vieillissements* et je réagis d'une façon singulière, lorsque quelqu'un m'en parle. C'est ainsi que j'ai tout récemment remis rudement à sa place un ami que j'estime beaucoup en lui disant qu'il "a depuis longtemps dépassé l'âge de la jeunesse", parce que s'exprimant sur mon compte dans des termes très flatteurs, il avait ajouté que je n'étais plus un jeune homme. Que toute ma résistance fût dirigée contre la seconde partie du nom Castelvetrano, cela ressort encore du fait que la première syllabe de ce nom se retrouve dans Caltanisetta. – Et le nom Caltanisetta lui-même ? demande le plus jeune. – Il sonnait pour moi comme le nom de caresse d'une jeune femme, avoue le plus âgé.

« Quelques instants après il ajoute : "Le nom actuel d'Enna était également un nom de substitution. Et maintenant je m'aperçois que ce nom de Castrogiovanni, obtenu à l'aide d'une rationalisation, fait penser à la jeunesse (giovane), tout comme le nom de Castelvetrano évoque l'idée de la vieillesse (vétéran)".

« Le plus âgé croit ainsi avoir expliqué son oubli. Quant aux causes qui ont provoqué le même oubli chez le plus jeune, elles n'ont pas été recherchées. "

Le mécanisme de l'oubli de noms est aussi intéressant que ses motifs. Dans un grand nombre de cas on oublie un nom, non parce qu'il éveille lui-même les motifs qui s'opposent à sa reproduction, mais parce qu'il se rapproche, par sa consonance ou sa composition, d'un autre mot contre lequel notre résistance est dirigée. On conçoit que cette multiplicité de conditions favorise singulièrement la production du phénomène. En voici des exemples.

Eduard Hitschmann[10] :

Cas II : « M.N. veut recommander à quelqu'un la librairie *Gilhofer et Ranschburg*, mais, bien que la maison lui soit très connue, il ne se souvient, malgré tous ses efforts, que du nom Ranschburg. Légèrement mécontent, il rentre chez lui ; mais la chose finit par le tourmenter à un point tel qu'il se décide à réveiller son frère, qui semblait déjà dormir, pour lui demander le nom de l'associé de Ranschburg. Le frère lui donne le nom sans aucune difficulté. Le nom "Gilhofer" évoque aussitôt dans l'esprit de M.N. celui de "Gallhof", un endroit dans lequel il a fait récemment, en compagnie d'une charmante jeune fille, une promenade dont il garde le meilleur souvenir. La jeune fille lui a fait cadeau d'un objet portant l'inscription : "En souvenir des belles heures passées à Gallhof." Quelques jours avant l'oubli du nom "Gilhofer", M.N., en fermant brusquement le tiroir dans lequel il avait serré l'objet, l'a sérieusement abîmé ; ce n'était certes qu'un fait accidentel, mais M.N., familiarisé avec la signification des actes symptomatiques, ne pouvait se défendre d'un sentiment de culpabilité. Depuis cet accident, il se trouvait dans un état d'âme quelque peu ambivalent à l'égard de cette dame, qu'il aimait certes, mais dont les avances en vue du mariage se heurtaient chez lui à une résistance hésitante. "

Dr Hanns Sachs :

« Dans une conversation ayant pour objet Gênes et ses environs immédiats, un jeune homme veut nommer aussi la localité *Pegli* , mais ne parvient à retrouver ce nom que difficilement et à la suite d'un grand effort. Pendant qu'il rentre chez lui, il pense à l'oubli de ce nom qui lui était cependant si familier, et voilà que surgit dans son esprit le mot *Peli* , ayant exactement la même prononciation. Il sait que Peli est le nom d'une île de l'océan Austral, dont les habitants ont conservé quelques coutumes remarquables. Il a lu la description de ces coutumes dans un ouvrage ethnologique et a conçu alors l'idée d'utiliser ces renseignements en vue d'une hypothèse personnelle. Il se rappelle que Peli est également le lieu d'action d'un roman qu'il a lu avec intérêt et plaisir : *La plus heureuse époque de Van Zanten* , par Laurids Bruun. Les idées qui l'avaient préoccupé presque sans interruption tout ce jour-là se rattachaient à une lettre qu'il avait reçue le matin même d'une dame pour laquelle il avait beaucoup d'affection ; cette lettre lui faisait entrevoir qu'il aurait à renoncer à une rencontre convenue. Après avoir passé la journée dans un état de grand abattement, il sortit le soir avec la ferme intention d'oublier sa contrariété et de jouir aussi pleinement que possible du plaisir qu'il se promettait d'une soirée passée dans une société qu'il estimait beaucoup. Il est certain que le mot *Pegli* , par sa ressemblance tonale avec le mot *Peli* , était de nature à troubler gravement son projet, car ce dernier mot ne présentait pas seulement pour lui un intérêt purement ethnologique, mais évoquait aussi, avec "la plus heureuse époque" de sa vie (par analogie avec le roman cité plus haut), toutes les craintes et tous les soucis qu'il avait éprouvés au cours de la journée. Il est caractéristique que cette interprétation, si simple pourtant, n'a été obtenue qu'après qu'une deuxième lettre soit venue transformer la tristesse en une joyeuse certitude d'une rencontre très proche. "

Si l'on se souvient, à propos de cet exemple, du cas, pour ainsi dire voisin, où il fut impossible de retrouver le nom Nervi, on constate que le double sens d'un mot peut être remplacé par la ressemblance phonétique de deux mots.

Lorsque, en 1915, eut éclaté la guerre avec l'Italie, j'ai pu faire sur moi-même cette observation qu'une grande quantité de noms de localités italiennes, qui m'étaient cependant très familiers, avaient disparu de ma mémoire. Comme tant d'autres Allemands, j'avais pris l'habitude de passer une partie de mes vacances sur le sol italien, et il était pour moi certain que cet oubli massif de noms n'était que l'expression d'une hostilité compréhensible à l'égard de l'Italie, hostilité qui, chez tous les Allemands, avait remplacé l'amitié d'autrefois. À côté de cet oubli direct de noms, j'en ai observé un autre, indirect, mais que j'ai pu ramener à la même cause. J'avais notamment une tendance à oublier aussi des noms non-italiens, et l'examen m'a révélé que ces derniers avaient toujours une ressemblance phonétique plus ou moins marquée avec des noms italiens. C'est ainsi que je cherchais un jour à me rappeler le nom de la ville morave de Bisenz. Lorsque j'y fus enfin parvenu, après beaucoup de difficultés, je m'aperçus aussitôt que mon oubli devait être mis sur le compte du palais Bisenzi, à Orvieto. Dans ce palais se trouve l'Hôtel « Belle Arti ", dans lequel je descendais toutes les fois où je faisais un séjour à Orvieto. Les souvenirs infiniment agréables que j'ai emportés de ces séjours avaient naturellement subi une éclipse sous l'influence d'un changement survenu dans mon état d'âme.

Et maintenant, il ne sera peut-être pas sans intérêt d'examiner sur quelques exemples les intentions que l'oubli de noms est susceptible de satisfaire.

Oublis de noms ayant pour but d'assurer l'oubli d'un projet

Adolf Josef Storfer[11] .

« Une dame bâloise apprend un matin que son amie d'enfance, Selma X., de Berlin, faisant son voyage de noces, est arrivée à Bâle où elle ne doit rester qu'un seul jour. Aussitôt la Bâloise se précipite à l'hôtel. En sortant, les deux amies conviennent de se retrouver l'après-midi et de ne plus se séparer jusqu'au départ de la Berlinoise.

« L'après-midi, la Bâloise oublie le rendez-vous. Le déterminisme de cet oubli ne m'est pas connu, mais la situation à laquelle nous avons à faire (rencontre avec une amie d'enfance tout fraîchement mariée) rend possibles plusieurs constellations typiques, susceptibles de s'opposer à une nouvelle rencontre. Une particularité intéressante de ce cas consiste dans un acte manqué accompli ultérieurement, dans l'intention inconsciente de consolider le premier oubli. À l'heure même où elle devait rencontrer son amie de Berlin, la Bâloise se trouvait en visite chez d'autres amis. À un moment donné, il fut question du mariage tout récent de la chanteuse de l'Opéra de Vienne, Kurz. La dame bâloise parla de ce mariage d'une manière critique (!), mais lorsqu'elle voulut prononcer le nom de la chanteuse, elle ne put, à sa grande déception, se souvenir de son prénom (on sait que généralement les noms monosyllabiques se prononcent associés au prénom). La dame bâloise était d'autant plus contrariée par cette faiblesse de sa mémoire qu'elle avait souvent entendu la chanteuse Kurz et que son nom complet (c'est-à-dire précédé du prénom) lui était tout à fait familier. Mais avant que quelqu'un ait eu le temps de lui rappeler ce prénom, la conversation avait changé de sujet.

« Le soir du même jour, notre dame bâloise se trouve dans une société en partie identique à celle de l'après-midi. Comme par hasard, il est de nouveau question de la chanteuse viennoise que notre dame nomme sans difficulté : "*Selma* Kurz". À peine a-t-elle prononcé ce nom, qu'elle s'écrie : "J'y pense maintenant : j'avais complètement oublié que je devais rencontrer cet après-midi mon amie Selma." Elle regarde sa montre et constate que son amie doit déjà être partie. "

Nous n'avons pas encore une base suffisante pour nous prononcer sur ce bel exemple, intéressant à beaucoup d'égards. Le suivant est beaucoup plus simple : il s'agit de l'oubli, non d'un nom, mais d'un mot étranger, pour une raison en rapport avec une situation donnée. Mais nous faisons remarquer d'ores et déjà qu'on se trouve en présence des mêmes processus, qu'il s'agisse de l'oubli de noms propres, de prénoms, de mots étrangers ou de suites de mots.

Dans le cas que nous allons citer, un jeune homme, pour se créer un prétexte à accomplir un acte désiré, oublie l'équivalent anglais du mot *or*, alors que ce métal est désigné par le même mot (*gold*) en anglais et en allemand.

« Dans une pension de famille, un jeune homme fait la connaissance d'une Anglaise qui lui plaît. S'entretenant avec elle le premier soir dans sa langue maternelle (c'est-à-dire en anglais) qu'il possède assez bien et voulant prononcer en anglais le mot *or*, il ne parvient pas, malgré tous ses efforts, à trouver le vocable nécessaire. À la place du mot exact, il trouve le mot français *or*, le mot latin *aurum*, le mot grec *chrysos* qui se présentent d'une façon tellement obsédante qu'il arrive difficilement à les écarter, alors qu'il sait fort bien qu'ils n'ont rien de commun avec le mot qu'il cherche. Il ne trouve finalement pas d'autre moyen de se faire comprendre que de toucher la bague en or que la dame porte à l'un de ses doigts ; et il apprend, à sa confusion, que le mot anglais qu'il cherche depuis si longtemps est en tous points identique au mot allemand désignant le même objet : *gold* . La signification de cet attouchement provoqué par l'oubli doit être cherchée, non seulement dans le désir qu'ont tous les amoureux de se sentir en contact direct avec la personne aimée, mais aussi dans le fait qu'il nous renseigne sur les éventuelles intentions matrimoniales de notre jeune homme. L'inconscient de la dame, surtout s'il est disposé sympathiquement à l'égard du partenaire, peut avoir deviné ses intentions érotiques dissimulées derrière le masque inoffensif de l'oubli ; et la manière dont elle aura accepté et expliqué l'attouchement peut fournir aux deux partenaires un moyen inconscient, mais très significatif, de prévoir l'issue du flirt commencé. "

Un cas d'oubli d'un nom et de faux souvenir

Je reproduis encore, d'après Johan Stärcke[12] , une intéressante observation d'oubli et de ressouvenir d'un nom, caractérisée par le fait que l'oubli d'un nom est compliqué d'une déformation d'une phrase d'un poème, comme dans l'exemple relatif à « La Fiancée de Corinthe ".

« Un vieux juriste et linguiste, Z., raconte en société qu'au cours de ses études universitaires il a connu un étudiant qui était extraordinairement sot et sur la sottise duquel il aurait plus d'une anecdote à raconter. Il ne peut cependant se rappeler le nom de cet étudiant ; il prétend d'abord que son nom commençait par la lettre *W.* , mais retire ensuite cette supposition. Il se rappelle seulement que cet étudiant inintelligent était devenu plus tard marchand de vin (*Weinhändler*). Il raconte ensuite une anecdote sur la bêtise du même étudiant, mais s'étonne toujours de ne pouvoir retrouver son nom. Il finit par dire :

– C'était un âne tel, que je n'arrive pas encore à comprendre comment j'ai pu, à force de répétitions il est vrai, réussir à lui inculquer un peu de latin. Au bout d'un instant, il se rappelle que le nom cherché finissait par... *man* . Nous lui demandons alors si un

autre nom ayant la même terminaison lui vient à l'esprit. Il répond :
"*Erdmann*".

– Qui est-ce ? – C'était également un étudiant de mes
contemporains. Sa fille lui fait observer cependant qu'il y a aussi un
professeur s'appelant Erdmann. En cherchant dans ses souvenirs, Z.
trouve que ce professeur n'a consenti récemment à publier que sous
une forme abrégée, dans la revue rédigée par lui, un des travaux de
Z., dont il ne partageait pas toutes les idées, et que Z. en a été
désagréablement affecté. (J'apprends d'ailleurs ultérieurement que Z.
avait autrefois ambitionné de devenir professeur de la même
spécialité qu'enseigne aujourd'hui le professeur Erdmann ; il est donc
possible que sous ce rapport encore le nom Erdmann touche à une
corde sensible.)

« Et voilà qu'il se rappelle subitement le nom de l'étudiant
inintelligent : *Lindeman* ! Comme il s'était déjà rappelé
antérieurement que le nom se terminait par... *man* , le mot *Linde* a
donc subi un refoulement plus prolongé. Prié de dire ce qui lui vient
à l'esprit à propos de *Linde* , il répond d'abord – "Rien". Sur mon
insistance et comme je lui dis qu'il n'est pas possible qu'il ne pense à
rien à propos de ce mot, il me dit, en levant les yeux et en dessinant
avec le bras un geste dans le vide : "Eh bien, un tilleul (*Linde*) est un
bel arbre." C'est tout ce qu'il trouve à dire. Tout le monde se tait,
chacun poursuit sa lecture ou une autre occupation, lorsqu'on entend
quelques instants après Z. réciter d'un ton rêveur : "Steht er mit
festen / Gefügigen Knochen / Auf der *Erde* , / So reicht er nicht auf, /
Nur mit der *Linde* / Oder der Rebe / Sich zu vergleichen." (Lorsqu'il
se tient sur la terre avec ses jambes solides et souples, il n'arrive pas
à se comparer au *tilleul* ou à la *vigne*).

« Je poussai un cri de triomphe : – Nous le tenons enfin, votre
Erdmann, dis-je : cet homme qui "se tient sur la terre", donc cet
homme de la terre (*Erdemann* ou *Erdmann*), ne peut réussir à se
comparer au *tilleul* (*Linde*), *donc à Lindeman* ou à la *vigne* (*Rebe*),
donc au marchand de vins (*Weinhändler*). En d'autres termes : ce

Lindeman, l'étudiant intelligent, devenu plus tard marchand de vins, était bien un âne, mais *Erdmann* est un âne plus grand encore, sans comparaison possible avec Lindeman. Ces discours méprisants ou railleurs, prononcés dans l'inconscient, sont très fréquents ; aussi crus-je pouvoir affirmer que la cause principale de l'oubli du nom était trouvée.

« Je demandai alors à quelle poésie étaient empruntés les vers cités. Z. répondit qu'ils faisaient partie d'un poème de Goethe qui, croyait-il, commençait ainsi : "Edel sei der Mensch, / Hilfreich und gut !" (Que l'homme soit noble, secourable et bon !) et il ajouta qu'on y trouvait aussi les vers suivants : "Und hebt er sich aufwärts, / So spielen mit ihm die Winde." (Et lorsqu'il se redresse, les vents jouent avec lui.)

« Le lendemain, j'ai cherché ce poème de Goethe, et j'ai pu constater que le cas était beaucoup plus intéressant (mais aussi plus compliqué) qu'il ne l'avait paru au premier abord.

a) Les deux premiers vers cités (voir plus haut) étaient ainsi conçus : "Steht er mit festen / Markigen (pleines de sève ; et non *gefügigen*) Knochen..."

« "Jambes souples" était une combinaison quelque peu singulière ; mais je ne m'arrêtai pas là-dessus.

b) Et voici les vers suivants de cette strophe : "Auf der wohlbegründeten / Dauernden Erde, / Reicht er nicht auf, / Nur mit der Eiche / Oder der Rebe / Sich zu vergleichen." (Sur la terre solide et durable, il n'arrive pas à se comparer au chêne ou à la vigne.)

Il n'est donc pas question de *tilleul* (*Linde*) dans toute cette poésie. Le remplacement du chêne (*Eiche*) par le tilleul (*Linde*) ne s'est effectué (dans son inconscient) que pour rendre possible le jeu de mots : "Terre-Tilleul-Vigne" (*Erde-Linde-Rebe*).

c) Ce poème est intitulé "Les limites de l'Humanité" et contient une comparaison entre la toute-puissance des dieux et la faiblesse des hommes. Mais le poème qui commence par les vers : "Edel sei der Mensch, – Hilfreich und gut !", n'est pas du tout celui auquel Z. a emprunté sa strophe. Il est imprimé quelques pages plus loin ; il est intitulé "Le divin" et contient également des pensées sur les dieux et les hommes. Comme cette question n'a pas été approfondie, je puis tout au plus supposer que des idées sur la vie et la mort, sur l'éphémère et l'éternel, sur la fragilité de la propre vie de Z. et sur la mort future ont pu également jouer un rôle dans la détermination de l'oubli qui s'est produit dans ce cas. "

Dans certains de ces exemples il faut avoir recours à toutes les finesses de la technique psychanalytique pour expliquer l'oubli d'un nom. Je renvoie ceux qui veulent se renseigner plus en détail sur ce genre de travail, à une communication de M. Ernest Jones (de Londres), traduite d'anglais en allemand[13] .

Ferenczi a observé que l'oubli de noms peut se produire également à titre de symptôme hystérique. Il révèle alors un mécanisme fort éloigné de celui qui préside aux actes manqués. La communication suivante fera comprendre cette différence : « J'ai actuellement en traitement une malade qui, bien que douée d'une bonne mémoire, ne peut se rappeler les noms propres, même les plus usuels, même ceux qui lui sont le plus familiers. L'analyse a montré que ce symptôme lui servait à faire ressortir son ignorance. Or, cette insistance sur son ignorance était une forme de reproche qu'elle adressait à ses parents pour n'avoir pas voulu lui donner une instruction supérieure. Son idée fixe de nettoyage (psychose de maîtresse de maison) provient en partie de la même source. Elle a l'air de dire ainsi à ses parents : "Vous n'avez fait de moi qu'une femme de chambre." "

Je pourrais multiplier les exemples d'oublis de noms et en approfondir la discussion ; mais je préfère ne pas aborder, à propos d'une seule question, la plupart des points de vue que nous aurons à envisager par la suite, en rapport avec d'autres questions. Qu'il me soit cependant permis de résumer en quelques propositions les résultats des analyses citées :

Le mécanisme de l'oubli de noms (ou, plus exactement, de l'oubli passager de noms) consiste dans l'obstacle qu'oppose à la reproduction voulue du nom un enchaînement d'idées étrangères à ce nom et inconscientes. Entre le nom troublé et le complexe perturbateur il peut y avoir soit un rapport préexistant, soit un rapport qui s'établit, selon des voies apparemment artificielles, à la faveur d'associations superficielles (extérieures).

Les plus efficaces, parmi les complexes pertur bateurs, sont ceux qui impliquent des rapports personnels, familiaux, professionnels.

Un nom qui, grâce à ses multiples sens, appartient à plusieurs ensembles d'idées (complexes) ne peut souvent entrer que difficilement en rapport avec un ensemble d'idées donné, car il en est empêché par le fait qu'il participe d'un autre complexe, plus fort.

Parmi les causes de ces troubles, on note en premier lieu et avec le plus de netteté le désir d'éviter un sentiment désagréable ou pénible que tel souvenir donné est susceptible de provoquer.

On peut, d'une façon générale, distinguer deux variétés principales d'oublis de noms : un nom est oublié soit parce qu'il rappelle lui-même une chose désagréable. Donc, la reproduction de noms est troublée soit à cause d'eux-mêmes, soit à cause de leurs associations plus ou moins éloignées.

Un coup d'œil sur ces propositions générales permet de comprendre pourquoi l'oubli passager de noms constitue un de nos actes manqués les plus fréquents.

Nous sommes cependant loin d'avoir noté toutes les particularités du phénomène en question. Je veux encore attirer l'attention sur le fait que l'oubli de noms est contagieux au plus haut degré. Dans une conversation entre deux personnes, il suffit que l'une prétende avoir oublié tel ou tel nom, pour que le même nom échappe à l'autre. Seulement, la personne chez laquelle l'oubli est un phénomène induit retrouve plus facilement le nom oublié. Cet oubli « collectif " qui est un des phénomènes par lesquels se manifeste la psychologie des foules n'a pas encore fait l'objet de recherches psychanalytiques. Theodor Reik a pu donner une bonne explication de ce remarquable phénomène, à propos d'un seul cas, particulièrement intéressant[14] .

« Dans une petite société d'universitaires, dans laquelle se trouvaient également deux étudiantes en philosophie, on parlait des nombreuses questions qui se posent à l'histoire de la civilisation et à la science des religions, quant aux origines du christianisme. Une des jeunes femmes, qui avait pris part à la conversation, se souvint d'avoir trouvé, dans un roman anglais qu'elle avait lu récemment, un tableau intéressant des courants religieux qui agitaient cette époque-là. Elle ajouta que toute la vie du Christ, depuis sa naissance jusqu'à sa mort, était décrite dans ce roman dont elle ne pouvait pas se rappeler le titre (alors qu'elle gardait un souvenir visuel très net de la couverture du livre et de l'aspect typographique du titre). Trois des messieurs présents déclarèrent connaître, eux aussi, ce roman, mais, fait singulier, tout comme la jeune femme, ils furent incapables de se souvenir de son titre. "

Seule la jeune femme consentit à se soumettre à l'analyse, en vue de trouver l'explication de son oubli. Disons tout de suite que le livre avait pour titre *Ben-Hur* (par Lewis Wallace). Les souvenirs de substitution furent : *ecce homo – homo sum – quo vadis ?* La jeune fille comprend elle-même qu'elle a oublié le titre, parce qu'il contient une expression que « ni moi ni aucune autre jeune fille ne voudrions employer, surtout en présence de jeunes gens[15] ". L'analyse, très intéressante, a permis de pousser plus loin cette explication. Le rapport une fois établi, la traduction du mot *homo* (homme) présente également une signification douteuse. Reik conclut : la jeune femme traite le mot oublié comme si, en prononçant le titre suspect, elle avouait devant des jeunes gens des désirs qu'elle considère inconvenants pour sa personne et qu'elle repousse comme étant pénibles. Plus brièvement : sans s'en rendre compte, elle considère l'énoncé du titre *Ben-Hur* comme équivalant à une invitation sexuelle, et son oubli correspond à une défense contre une tentation inconsciente de ce genre. Nous avons des raisons de croire que des processus inconscients analogues ont déterminé l'oubli des jeunes gens. Leur inconscient a saisi la véritable signification de l'oubli de la jeune fille... il l'a pour ainsi dire interprété... L'oubli des jeunes gens exprime un respect pour cette attitude discrète de la jeune fille... On dirait que, par sa subite lacune de mémoire, celle-ci leur a clairement signifié quelque chose que leur inconscient a aussitôt compris.

On rencontre encore un oubli de noms dans lequel des séries entières de noms se soustraient à la mémoire. Si l'on s'accroche, pour retrouver un nom oublié, à d'autres, auxquels il se rattache étroitement, ceux-ci, qu'on voudrait utiliser comme points de repère, s'échappent le plus souvent à leur tour. C'est ainsi que l'oubli s'étend d'un nom à un autre, comme pour prouver l'existence d'un obstacle difficile à écarter.

Chapitre V
Souvenirs d'enfance et souvenirs-écrans

Dans un autre article (publié en 1899, dans *Monatsschrift für Psychiatrie und Neurologie*), j'ai pu démontrer la nature tendancieuse de nos souvenirs là où on la soupçonnait le moins[1] . Je suis parti de ce fait bizarre que les premiers souvenirs d'enfance d'une personne se rapportent le plus souvent à des choses indifférentes et secondaires, alors qu'il ne reste dans la mémoire des adultes aucune trace (je parle d'une façon générale, non absolue) des impressions fortes et affectives de cette époque. Comme on sait que la mémoire opère un choix entre les impressions qui s'offrent à elle, nous sommes obligés de supposer que ce choix s'effectue dans l'enfance d'après d'autres critères qu'à l'époque de la maturité intellectuelle. Mais un examen plus approfondi montre que cette supposition est inutile. Les souvenirs d'enfance indifférents doivent leur existence à un processus de déplacement ; ils constituent la reproduction substitutive d'autres impressions, réellement importantes, dont l'analyse psychique révèle l'existence, mais dont la reproduction directe se heurte à une résistance. Or, comme ils doivent leur conservation, non à leur propre contenu, mais à un rapport d'association qui existe entre ce contenu et un autre, refoulé, ils justifient le nom de « souvenirs-écrans " sous lequel je les ai désignés.

Dans l'article en question je n'ai fait qu'effleurer, loin de l'épuiser, toute la multiplicité et la variété des rapports et des significations que présentent ces souvenirs-écrans. Par un exemple minutieusement analysé, j'y ai relevé une particularité des relations *temporelles* entre les souvenirs-écrans et le contenu qu'ils recouvrent. Dans le cas dont il s'agissait, le souvenir-écran appartenait à l'une des premières années de l'enfance, alors que celui qu'il représentait dans la mémoire, resté à peu près inconscient, se rattachait à une époque postérieure de la vie du sujet. J'ai désigné cette sorte de déplacement sous le nom de déplacement *rétrograde* . On observe peut-être encore plus souvent le cas opposé, où une impression indifférente d'une époque postérieure s'installe dans la mémoire à titre de souvenir-écran, uniquement parce qu'il se rattache à un événement antérieur dont la reproduction directe est entravée par certaines résistances. Ce seraient les sou venirs-écrans *anticipateurs* ou ayant subi un déplacement en avant. L'essentiel qui intéresse la mémoire se trouve, au point de vue du temps, situé *en arrière* du souvenir-écran. Un troisième cas est encore possible, où le souvenir-écran se rattache à l'impression qu'il recouvre non seulement par son contenu, mais aussi parce qu'il lui est contigu dans le temps : ce serait le souvenir-écran *contemporain* ou *simultané* .

Quelle est la proportion de nos souvenirs entrant dans la catégorie des souvenirs-écrans ? Quel rôle ces derniers jouent-ils dans les divers processus intellectuels de nature névrotique ? Autant de problèmes que je n'ai pu approfondir dans l'article cité plus haut et dont je n'entreprendrai pas non plus la discussion ici. Tout ce que je me propose de faire aujourd'hui, c'est de montrer la similitude qui existe entre l'oubli de noms accompagné de faux souvenirs et la formation de souvenirs-écrans.

À première vue, les différences entre ces deux phénomènes semblent plus évidentes que les analogies. Là il s'agit de noms propres ; ici de souvenirs complets, d'événements réellement ou mentalement vécus ; là, d'un arrêt manifeste de la fonction mnémonique ; ici, d'un fonctionnement mnémonique qui nous frappe par sa bizarrerie ; là, d'un trouble momentané (car le nom qu'on vient d'oublier a pu auparavant être reproduit cent fois d'une façon exacte et peut être retrouvé dès le lendemain) ; ici, d'une possession durable, sans rémission, car les souvenirs d'enfance indifférents semblent ne pas nous quitter pendant une bonne partie de notre vie. L'énigme semble avoir dans les deux cas une orientation différente. Ce qui éveille notre curiosité scientifique dans le premier cas, c'est l'oubli ; dans le second, c'est la conservation. Mais, à la suite d'un examen quelque peu approfondi, on constate que, malgré les différences qui existent entre les deux phénomènes au point de vue des matériaux psychiques et de la durée, ils présentent des analogies qui enlèvent à ces différences toute importance. Dans un cas comme dans l'autre, il s'agit de défectuosités de la mémoire, laquelle reproduit non le souvenir exact, mais quelque chose qui le remplace. Dans l'oubli de noms, la mémoire fonctionne, mais en fournissant des noms de substitution. Dans le cas de souvenirs-écrans, il s'agit d'un oubli d'autres impressions, plus importantes. Dans les deux cas, une sensation intellectuelle nous avertit de l'intervention d'un trouble dont la forme varie d'un cas à l'autre. Dans l'oubli de noms, nous *savons* que les noms de substitution sont *faux* ; quant aux souvenirs-écrans, nous nous demandons seulement avec étonnement d'où ils viennent. Et puisque l'analyse psychologique peut nous montrer que la formation de substitutions s'effectue dans les deux cas de la même manière, à la faveur d'un déplacement suivant une association superficielle, les différences qui existent entre les deux phénomènes quant à la nature des matériaux, la durée et le centre autour duquel ils évoluent, sont d'autant plus de nature à nous faire espérer que nous allons découvrir un principe important et applicable aussi bien à l'oubli de noms qu'aux souvenirs-écrans. Ce principe général serait le suivant : l'arrêt de fonctionnement ou le fonctionnement défectueux de la faculté de reproduction révèlent plus souvent qu'on ne le soupçonne l'intervention d'un facteur *partial* , d'une *tendance* , qui favorise tel souvenir ou cherche à s'opposer à tel autre.

La question des souvenirs d'enfance me paraît tellement importante et intéressante que je voudrais lui consacrer encore quelques remarques qui dépassent les points de vue admis jusqu'à présent.

Jusqu'à quel âge remontent nos souvenirs d'enfance ? Il existe, à ma connaissance, quelques recherches sur la question, notamment celles de V. et C. Henri[2] et de Potwin[3] , d'où il ressort qu'il existe à cet égard de grandes différences individuelles, certains sujets faisant remonter leur premier souvenir à l'âge de six mois, tandis que d'autres ne se rappellent aucun événement de leur vie antérieur à la sixième et même à la huitième année. Mais à quoi tiennent ces différences et quelle est leur signification ? Il ne suffit évidemment pas de réunir par une vaste enquête les matériaux concernant la question ; ces matériaux doivent être encore élaborés, et chaque fois avec le concours et la participation de la personne intéressée.

À mon avis, on a tort d'accepter comme un fait naturel le phénomène de l'amnésie infantile, de l'absence de souvenirs se rapportant aux premières années. On devrait plutôt voir dans ce fait une singulière énigme. On oublie que même un enfant de quatre ans est capable d'un travail intellectuel très intense et d'une vie affective très compliquée, et on devrait plutôt s'étonner de constater que tous ces processus psychiques aient laissé si peu de traces dans la mémoire, alors que nous avons toutes les raisons d'admettre que tous ces faits oubliés de la vie de l'enfance ont exercé une influence déterminante sur le développement ultérieur de la personne. Comment se fait-il donc que, malgré cette influence incontestable et incomparable, ils aient été oubliés ? Force nous est d'admettre que le souvenir (conçu comme une reproduction consciente) est soumis à des conditions tout à fait spéciales qui ont jusqu'à présent échappé à nos recherches. Il est fort possible que l'oubli infantile nous livre le moyen de comprendre les amnésies qui, d'après nos connaissances les plus récentes, sont à la base de la formation de tous les symptômes névrotiques.

Des souvenirs d'enfance conservés, les uns nous paraissent tout à fait compréhensibles, d'autres bizarres et inexplicables. Il n'est pas difficile de redresser certaines erreurs relatives à chacune de ces deux catégories. Lorsqu'on soumet à l'examen analytique les souvenirs conservés par un homme, on constate facilement qu'il n'existe aucune garantie quant à leur exactitude. Certains souvenirs sont incontestablement déformés, incomplets ou ont subi un déplacement dans le temps et dans l'espace. L'affirmation des personnes examinées selon laquelle leur premier souvenir remonte, par exemple, à leur deuxième année, ne mérite évidemment pas confiance. On découvre rapidement les motifs qui ont déterminé la déformation et le déplacement des faits constituant l'objet des souvenirs, et ces motifs montrent en même temps qu'il ne s'agit pas de simples erreurs de la part d'une mémoire infidèle. Au cours de la vie ultérieure, des forces puissantes ont influencé et façonné la faculté d'évoquer les souvenirs d'enfance, et ce sont probablement ces mêmes forces qui, en général, nous rendent si difficile la compréhension de nos années d'enfance.

Les souvenirs des adultes portent, on le sait, sur des matériaux psychiques divers. Les uns se souviennent d'images visuelles : leurs souvenirs ont un caractère visuel. D'autres sont à peine capables de reproduire les contours les plus élémentaires de ce qu'ils ont vu : selon la proposition de Charcot, on appelle ces sujets « auditifs " et « moteurs " et on les oppose aux « visuels ". Dans les rêves, toutes ces différences disparaissent, car nous rêvons tous de préférence en images visuelles. Pour les souvenirs d'enfance, on observe, pour ainsi dire, la même régression que pour les rêves : ces souvenirs prennent un caractère plastiquement visuel, même chez les personnes dont les souvenirs ultérieurs sont dépourvus de tout élément visuel. C'est ainsi que les souvenirs visuels se rapprochent du type des souvenirs infantiles. En ce qui me concerne, tous mes souvenirs d'enfance sont uniquement de caractère visuel ; ce sont des scènes élaborées sous une forme plastique et que je ne puis comparer qu'aux tableaux d'une pièce de théâtre. Dans ces scènes, vraies ou fausses, datant de l'enfance, on voit régulièrement figurer sa propre personne infantile, avec ses contours et dans ses vêtements. Cette circonstance est faite pour étonner, car les adultes du type visuel ne voient plus leur propre personne dans leurs souvenirs à propos des événements ultérieurs de leur vie[4]. Il est également contraire à toutes nos expériences d'admettre que, dans les événements dont il est l'auteur ou le témoin, l'attention de l'enfant se porte sur lui-même, au lieu de se concentrer sur les impressions venues de l'extérieur. Tout cela nous oblige à admettre que ce qu'on trouve dans les soi-disant souvenirs de la première enfance, ce ne sont pas les vestiges d'événements réels, mais une élaboration ultérieure de ces vestiges, laquelle a dû s'effectuer sous l'influence de différentes forces psychiques intervenues par la suite. C'est ainsi que les « souvenirs d'enfance " acquièrent, d'une manière générale, la signification de « souvenirs-écrans " et trouvent, en même temps, une remarquable analogie avec les souvenirs d'enfance des peuples, tels qu'ils sont figurés dans les mythes et les légendes.

Tous ceux qui ont eu l'occasion de pratiquer la psychanalyse avec un certain nombre de sujets ont certainement réuni un grand nombre d'exemples de souvenirs-écrans de toutes sortes. Mais la communication de ces exemples est rendue extraordinairement difficile par la nature même des rapports qui, nous l'avons montré, existent entre les souvenirs d'enfance et la vie ultérieure ; pour découvrir dans un souvenir d'enfance un souvenir-écran, il faudrait souvent faire dérouler devant les yeux de l'expérimentateur toute la vie de la personne examinée. On ne réussit que rarement à exposer un souvenir d'enfance isolé, en le détachant de l'ensemble. En voici un exemple très intéressant :

Un jeune homme de vingt-quatre ans garde de sa cinquième année le souvenir du tableau suivant. Il est assis, dans le jardin d'une maison de campagne, sur une petite chaise à côté de sa tante, occupée à lui inculquer les rudiments de l'alphabet. La distinction entre *m* et *n* lui offre beaucoup de difficultés, et il prie sa tante de lui dire comment on peut reconnaître l'un de l'autre. La tante attire son attention sur le fait que la lettre *m* a un jambage de plus que la lettre *n* .

Il n'y avait aucune raison de contester l'authenticité de ce souvenir d'enfance ; mais la signification de ce souvenir ne s'est révélée que plus tard, lorsqu'on a constaté qu'il était possible de l'interpréter comme une représentation (substitutive) symbolique d'une autre curiosité de l'enfant. Car, de même qu'il voulait connaître alors la différence entre *m* et *n* , il chercha plus tard à apprendre la différence qui existe entre garçon et fille et aurait aimé être instruit en cette matière par la tante en question. Il finit par découvrir que la différence entre garçon et fille est la même qu'entre *m* et *n* , à savoir que le garçon a quelque chose de plus que la fille, et c'est à l'époque où il a acquis cette connaissance que s'est éveillé en lui le souvenir de la leçon d'alphabet.

Voici un autre exemple se rapportant à la seconde enfance. Il s'agit d'un homme âgé de quarante ans, ayant eu beaucoup de déboires dans sa vie amoureuse. Il est l'aîné de neuf enfants. Il avait déjà quinze ans lors de la naissance de la plus jeune de ses sœurs, mais il affirme ne s'être jamais aperçu que sa mère était enceinte. Me voyant incrédule, il fait appel à ses souvenirs et finit par se rappeler qu'à l'âge de onze ou douze ans il vit un jour sa mère défaire hâtivement sa jupe devant une glace. Sans être sollicité cette fois, il complète ce souvenir en disant que ce jour-là sa mère venait de rentrer et s'était sentie prise de douleurs inattendues. Or, le délaçage (*Aufbinden*) de la jupe n'apparaît dans ce cas que comme un souvenir-écran pour accouchement (*Entbindung*). Il s'agit là d'une sorte de « pont verbal " dont nous retrouverons l'usage dans d'autres cas.

Je veux encore montrer par un exemple la signification que peut acquérir, à la suite d'une réflexion analytique, un souvenir d'enfance qui semblait dépourvu de tout sens. Lorsque j'ai com mencé, à l'âge de quarante-trois ans, à m'intéresser aux vestiges de souvenirs de ma propre enfance, je me suis rappelé une scène qui, depuis longtemps (et même, d'après ce que je croyais, de tout temps), s'était présentée de temps à autre à ma conscience et que de bonnes raisons me permettent de situer avant la fin de ma troisième année. Je me voyais criant et pleurant devant un coffre dont mon demi-frère, de vingt ans plus âgé que moi, tenait le couvercle relevé, lorsque ma mère, belle et svelte, entra subitement dans la pièce comme venant de la rue. C'est ainsi que je me décrivais cette scène dont j'avais une représentation visuelle et dont je n'arrivais pas à saisir la signification. Mon frère voulait-il ouvrir ou fermer le coffre (dans la première description du tableau il s'agissait d'une « armoire ") ? Pourquoi avais-je pleuré à ce propos ? Quel rapport y avait-il entre tout cela et l'arrivée de ma mère ? Autant de questions auxquelles je ne savais comment répondre. J'étais enclin à m'expliquer cette scène, en supposant qu'il s'agissait du souvenir d'une frasque de mon frère, interrompue par l'arrivée de ma mère. Il n'est pas rare de voir ainsi donner une signification erronée à des scènes d'enfance conservées dans la mémoire : on se rappelle bien une situation, mais cette situation est dépourvue de centre et on ne sait à quel élément attribuer la prépondérance psychique. L'analyse m'a conduit à une conception tout à fait inattendue de ce tableau. M'étant aperçu de l'absence de ma mère, j'avais soupçonné qu'elle était enfermée dans le coffre (ou dans l'armoire) et j'avais exigé de mon frère d'en soulever le couvercle. Lorsqu'il eut accédé à ma demande et que je me fus assuré que ma mère n'était pas dans le coffre, je me mis à crier. Tel est l'incident retenu par ma mémoire ; il a été suivi aussitôt de l'apparition de ma mère et de l'apaisement de mon inquiétude et de ma tristesse. Mais comment l'enfant en est-il venu à l'idée de chercher sa mère dans le coffre ? Des rêves datant de la même époque évoquent vaguement dans ma mémoire l'image d'une bonne d'enfants dont j'avais conservé encore d'autres souvenirs ; par exemple qu'elle avait l'habitude de m'engager à lui remettre consciencieusement la petite monnaie que je recevais en cadeau, détail qui, à son tour, pouvait servir seulement de souvenir-écran à propos de faits ultérieurs. Aussi me décidai-je, afin de faciliter cette fois mon travail d'interprétation, à questionner ma vieille mère, au sujet de cette bonne d'enfants. Elle m'apprit beaucoup de choses, et entre autres que cette femme rusée et malhonnête avait, pendant que ma mère était retenue au lit par ses couches, commis de nombreux vols à la maison et qu'elle avait été, sur la plainte de mon demi-frère, déférée devant les tribunaux. Ce renseignement me fit comprendre la scène enfantine décrite plus haut, comme sous le coup d'une révélation. La disparition brusque de la bonne ne m'avait pas été tout à fait indifférente ; j'avais même demandé à mon frère ce qu'elle était devenue, car j'avais probablement remarqué qu'il avait joué un certain rôle dans sa disparition ; et mon frère m'avait répondu évasivement (et, selon son habitude, en plaisantant) qu'elle était « coffrée ". J'ai interprété cette réponse à la manière enfantine, mais j'ai cessé de questionner, car je n'avais plus rien à apprendre. Lorsque ma mère s'absenta quelque temps après, je me mis en colère, et convaincu que mon frère lui avait fait la même chose qu'à la bonne, j'exigeai qu'il m'ouvrit le coffre. Je comprends aussi maintenant pourquoi, dans la traduction de la scène visuelle, la sveltesse de ma mère se trouve accentuée : elle m'était apparue comme à la suite d'une véritable résurrection. J'ai deux ans et demi de plus que ma sœur, qui était née à cette époque-là, et lorsque j'atteignis ma troisième année, mon demi-frère avait quitté le foyer paternel.

É.) 1 . Voir Sigmund Freud, « Sur les souvenirs-écrans ", in *Névroses, psychose et perversion* , Paris, PUF, 1973. (*N.d.*
2 : « Enquête sur les premiers souvenirs de l'enfance ", *Année psychologique* , III, 1897.
3 : « Study of early memories. " *Psychol. Review* , 1901.
4 : Je crois pouvoir l'affirmer à la suite de certains renseignements que j'ai obtenus.

Chapitre VI
Oubli d'impressions et de projets

À celui qui serait tenté de surestimer l'état de nos connaissances actuelles concernant la vie psychique, il n'y aurait qu'à rappeler l'ignorance où nous sommes en ce qui concerne la fonction de la mémoire, pour lui donner une leçon de modestie. Aucune théorie psychologique n'a encore été capable de fournir une explication générale du phénomène fondamental du souvenir et de l'oubli ; et même l'analyse complète de ce qui est effectivement observé n'est qu'à peine commencée. L'oubli nous est peut-être devenu plus énigmatique que le souvenir, depuis que l'étude du rêve et de phénomènes pathologiques nous a appris que même les choses que nous croyons avoir depuis longtemps oubliées peuvent réapparaître subitement dans notre conscience.

Nous sommes toutefois en possession de quelques certitudes, peu nombreuses il est vrai, mais qui, nous l'espérons, ne tarderont pas à être universellement reconnues. Nous considérons que l'oubli est un processus spontané, au déroulement duquel nous pouvons attribuer une certaine durée. Nous faisons ressortir le fait que, dans l'oubli, il se produit une certaine sélection entre les diverses impressions qui se présentent, ainsi qu'entre les détails de chaque impression et de chaque événement vécu. Nous connaissons quelques-unes des conditions nécessaires pour que se maintienne dans la mémoire et pour que puisse être évoqué ce qui, en l'absence de ces conditions, serait oublié. Mais dans d'innombrables occasions de la vie quotidienne, nous pouvons constater à quel point nos connaissances sont incomplètes et peu satisfaisantes. Qu'on écoute seulement deux personnes ayant reçu les mêmes impressions extérieures (qui ont, par exemple, fait un voyage ensemble) échanger, au bout d'un certain temps, leurs souvenirs. Ce qui s'est fixé dans la mémoire de l'un est souvent oublié par l'autre comme si cela n'avait jamais existé, et sans qu'on puisse dire que l'impression dont il s'agit ici ait eu plus de signification pour l'un que pour l'autre. Il est évident qu'un grand nombre des facteurs qui président à la sélection des faits à retenir échappe à notre connaissance.

Désireux d'apporter une petite contribution à la connaissance des conditions de l'oubli, j'ai pris l'habitude de soumettre à une analyse psychologique tous les cas d'oublis qui me sont personnels. Je m'occupe généralement d'un certain groupe de ces cas, ceux notamment dans lesquels l'oubli me cause une surprise, parce que le fait oublié me semblait devoir être retenu. Je dois ajouter que je n'ai guère de tendance à oublier facilement ce qui fait partie de mon expérience personnelle (et non de ce que j'ai appris !) et que j'ai eu dans ma jeunesse une brève période pendant laquelle ma mémoire a fonctionné d'une façon extraordinaire. Quand j'étais écolier, c'était pour moi un jeu de répéter par cœur une page entière que je venais de lire, et peu de temps avant de devenir étudiant, j'étais capable de réciter presque mot pour mot une conférence populaire, au caractère scientifique, que je venais d'entendre. Dans la tension d'esprit imposée par ma préparation aux derniers examens de médecine, j'ai dû encore faire usage de ce qui me restait de cette faculté, car sur certaines matières j'ai donné aux examinateurs des réponses pour ainsi dire automatiques, exactement conformes au texte du manuel, que je n'avais parcouru qu'une fois, et à la hâte.

Depuis, ma mémoire n'a pas cessé de faiblir ; mais j'ai pu m'assurer, et j'en suis encore convaincu, qu'en ayant recours à un petit artifice je puis retenir plus de choses que je ne l'aurais cru. C'est ainsi que lorsqu'un malade se présente à ma consultation et me déclare que je l'ai déjà vu, alors que je ne me souviens ni du fait, ni de la date, je cherche à me tirer d'affaire en pensant à un certain nombre d'années, comptées à partir du moment présent. Et toutes les fois qu'un témoignage écrit ou des données certaines, fournies par le patient, ont permis de contrôler la date que j'ai cru avoir devinée, j'ai pu m'assurer que mon erreur dépassait rarement une durée de six mois sur un intervalle de plus de dix années[1] . Il en est de même lorsque je rencontre quelqu'un que je ne connais que de loin et auquel je demande par politesse des nouvelles de ses enfants. S'il se met à me parler des progrès que font ces derniers, je cherche à deviner l'âge de l'enfant, je confronte le résultat que j'obtiens avec le renseignement fourni par le père, et je dois dire que je me trompe rarement de plus d'un mois et, quand il s'agit d'enfants plus âgés, de plus de trois mois, bien qu'il me soit impossible de dire quels points de repère ont servi à mon estimation. J'ai fini par devenir tellement hardi que je fais mon estimation de plus en plus spontanément, sans courir le danger de froisser le père par la révélation de l'ignorance dans laquelle je me trouve concernant sa progéniture. J'élargis ainsi ma mémoire consciente, en faisant appel à ma mémoire inconsciente, plus richement meublée d'ailleurs.

Je vais donc rapporter des exemples d'oublis *frappants* que j'ai observés sur moi-même. Je distingue entre l'oubli d'impressions et d'événements vécus (c'est-à-dire de choses qu'on sait ou qu'on savait) et l'oubli de projets (c'est-à-dire des omissions). Je puis indiquer d'avance le résultat uniforme que j'ai obtenu dans toute une série d'observations : j'ai trouvé notamment que *dans tous les cas l'oubli était motivé par un sentiment désagréable* .

Oubli d'impressions et de connaissances

Dans le courant de l'été ma femme m'a causé une grande contrariété. Le prétexte, futile en lui-même, était le suivant : assis à la table d'hôte, nous avions, en face de nous, un monsieur de Vienne que je connaissais et qui avait des raisons de se souvenir de moi. J'avais cependant, quant à moi, des raisons de ne pas renouer connaissance avec lui. Ma femme, qui n'avait entendu que le nom bien sonnant de son vis-à-vis, montrait trop qu'elle suivait la conversation qu'il entretenait avec ses voisins de table et m'adressait de temps à autre des questions sur cette conversation. Je devenais impatient et finis par me fâcher. Quelques semaines plus tard, je me plaignis à une parente de cette attitude de ma femme. Mais il me fut impossible de me rappeler ne fût-ce qu'un seul mot de la conversation de ce monsieur. Comme je suis généralement rancunier et n'oublie pas un seul détail d'un incident qui a pu me contrarier, je suis bien obligé d'admettre que, dans le cas dont il s'agit, c'est par considération pour la personne de ma femme que je me suis trouvé tout d'un coup atteint d'amnésie. Un incident analogue m'est arrivé dernièrement. Voulant me moquer de ma femme devant quelqu'un, à cause d'une expression qu'elle avait employée quelques heures auparavant, je me suis trouvé incapable de donner suite à mon projet, car, chose étonnante, j'avais complètement oublié l'expression en question. J'ai été obligé de prier ma femme de me la rappeler. Il est facile de comprendre que cet oubli fait partie de la même catégorie que les troubles de jugement que nous éprouvons lorsque nous avons à nous prononcer sur nos parents.

Je me suis chargé de procurer, à une dame nouvellement arrivée à Vienne, une petite cassette en fer pour conserver ses documents et son argent. Lorsque je lui ai offert mes services, j'avais devant mes yeux l'image, d'une extraordinaire netteté visuelle, d'une vitrine dans le centre de la ville où j'avais dû voir des cassettes de ce genre. Il est vrai que je ne pouvais me rappeler le nom de la rue, mais j'étais certain de retrouver le magasin au cours d'une promenade en ville, car je me souvenais fort bien être passé devant ce magasin un nombre incalculable de fois. Mais à mon grand dépit, il m'a été impossible de retrouver la vitrine aux cassettes, malgré les multiples recherches dans toutes les directions. Il ne restait, pensai-je, d'autre ressources que de consulter un livre d'adresses, d'y relever les noms de fabricants de cassettes et de faire ensuite un nouveau tour en ville pour identifier la vitrine cherchée. Mais je n'avais pas besoin de tant de complications : parmi les adresses qui figuraient dans l'annuaire, je suis tombé sur une qui s'est aussitôt révélée à moi comme étant celle que j'avais oubliée. Il était vrai que j'étais passé devant la vitrine un nombre incalculable de fois, notamment chaque fois où j'allais voir la famille M. qui habite depuis des années la maison même où se trouve le magasin. Depuis qu'une rupture complète a succédé à mon ancienne intimité avec cette famille, j'ai pris l'habitude, sans me rendre compte des raisons qui m'y poussaient, d'éviter et le quartier et la maison. Au cours de ma promenade à travers la ville, alors que je cherchais la vitrine à cassettes, j'ai longé toutes les rues avoisinantes, en évitant seulement celle-ci, comme si elle avait été frappée d'interdit. Le sentiment désagréable, qui avait motivé dans ce cas l'impossibilité de m'orienter, est facile à concevoir. Mais le mécanisme de l'oubli n'est plus aussi simple que dans le cas précédent. Mon antipathie était naturellement dirigée, non contre le fabricant de cassettes, mais contre une autre personne, dont je ne voulais rien savoir, et se déplaça de cette autre personne pour profiter d'une occasion où elle put se transformer en oubli. C'est ainsi que dans le cas Burckhard la colère dirigée contre une personne se manifeste par la déformation du nom d'une autre. Ici l'identité de nom a réussi à établir un lien entre deux ensembles d'idées substantiellement différents ; et dans le cas précis, ce lien a été le résultat de la contiguïté dans l'espace, d'un étroit voisinage. Dans ce cas, d'ailleurs, le lien était encore plus solide, car, parmi les raisons qui ont amené ma rupture avec la famille demeurant dans cette maison, l'argent a joué un rôle important.

Le bureau B. & R. me prie de faire une visite médicale à l'un de ses employés. Alors que je me rendais au domicile de ce dernier, j'étais préoccupé par l'idée que j'étais déjà venu à plusieurs reprises dans la maison où se trouve B. & R. J'avais le vague souvenir d'avoir déjà vu la plaque de ce bureau un étage au-dessous de celui où j'avais eu à voir un malade dans cette même maison. Mais je ne puis me souvenir ni de la maison, ni du malade que j'ai eu à voir. Bien qu'il s'agisse d'une chose indifférente et sans signification aucune, elle ne m'en préoccupe pas moins et je finis par me rappeler, en recourant à mon artifice habituel et en réunissant toutes les idées qui me sont venues à l'esprit à propos de ce cas, qu'un étage au-dessus des locaux de la firme B. & R. se trouve la pension *Fischer*, où j'ai souvent été appelé comme médecin. Je connais maintenant la maison qui abrite la firme et la pension. Mais ce qui reste encore énigmatique, c'est le motif qui a déterminé mon oubli. Rien de désagréable ne se trouve associé au souvenir soit de la firme, soit de la pension ou des malades que j'ai eu à y soigner. Il ne peut d'ailleurs s'agir de rien de très pénible, car, s'il en était ainsi, je n'aurais pas réussi à surmonter l'oubli par un détour, sans l'aide de moyens extérieurs. Je me souviens enfin que tout à l'heure, pendant que je me rendais chez mon nouveau malade, j'ai été salué dans la rue par un monsieur que j'ai eu de la peine à reconnaître. Il y a quelques mois, j'ai vu cet homme dans un état apparemment grave et j'ai posé, à son sujet, un diagnostic de paralysie progressive ; mais j'ai appris plus tard que son état s'était considérablement amélioré, ce qui prouverait que mon diagnostic était inexact. Ne s'agissait-il pas d'une de ces rémissions qu'on constate également dans la démence paralytique, supposition qui laisserait mon diagnostic intact ? C'est cette rencontre qui m'a fait oublier le nom des colocataires du bureau B. & R., et c'est elle également qui a orienté mon intérêt vers la solution du problème consistant à retrouver le nom oublié. Mais étant donné la lâche connexion interne qui existait entre les deux cas (l'homme qui était guéri contre mon attente était également employé dans une grande administration qui m'adressait de temps à autre des malades), c'est l'identité de noms qui assurait leur lien associatif. Le médecin qui m'avait appelé en consultation pour examiner le paralytique en question s'appelait *Fischer*, c'est-à-dire du nom (oublié) de la pension installée dans la maison du bureau B. & R.

Ne pas arriver à « mettre la main sur un objet ", c'est tout simplement avoir oublié où on l'a mis, et comme la plupart de ceux qui ont affaire à des livres et à des manuscrits, je sais très bien m'orienter sur mon bureau et retrouver sans difficulté, du premier coup, le livre ou le papier que je cherche. Ce qui peut paraître un désordre aux yeux d'un autre a pris pour moi avec le temps la forme d'un ordre. Mais comment se fait-il que je n'aie pu retrouver récemment un catalogue que j'avais reçu ? J'avais cependant l'intention de commander un des livres qui y figurait. Ce livre avait pour titre *Du langage*, et son auteur est un de ceux dont j'aime le style spirituel et vivant, dont j'apprécie les idées sur la psychologie et les connaissances sur l'histoire de la civilisation. J'incline à penser que c'est précisément là une des causes pour lesquelles je ne peux retrouver le catalogue. J'avais en effet l'habitude de prêter à mes amis et connaissances les livres de cet auteur, et il y a quelques jours une personne me dit en me rendant un de ces livres que je lui avais prêté : « Le style ressemble tout à fait au vôtre, et la manière de penser aussi. " Celui qui me disait cela ne se doutait pas à quelle corde il touchait. Il y a plusieurs années, alors que j'étais encore jeune et avais besoin d'appuis, un de mes collègues âgés auquel je faisais les éloges d'un auteur-médecin bien connu m'a répondu à peu près dans les mêmes termes : « Il a tout à fait votre style et votre manière. " Encouragé par cette remarque, j'ai écrit à l'auteur en question que je serais heureux de nouer avec lui des relations suivies, mais la réponse que j'ai reçue était plutôt froide. Il est possible que derrière ce souvenir s'en cachent d'autres, tout aussi décourageants ; quoi qu'il en soit, il m'a été impossible de retrouver le catalogue, et cette impossibilité a pris à mes yeux la valeur d'un présage, puisque j'ai pris le parti de ne pas commander le livre, alors que la disparition du catalogue n'était pas un obstacle insurmontable m'empêchant de faire cette commande, d'autant moins insurmontable que j'avais dans ma mémoire et le titre du livre et le nom de l'auteur[2] .

Un autre cas de ce genre mérite tout notre intérêt, à cause des conditions dans lesquelles l'objet a été retrouvé. Un homme encore jeune me raconte : « Il y a quelques années, des malentendus se sont élevés dans mon ménage. Je trouvais ma femme trop froide, et nous vivions côte à côte, sans tendresse, ce qui ne m'empêchait d'ailleurs pas de reconnaître ses excellentes qualités. Un jour, revenant d'une promenade, elle m'apporta un livre qu'elle avait acheté, parce qu'elle croyait qu'il m'intéresserait. Je la remerciai de son "attention" et lui promis de lire le livre, que je mis de côté. Mais il arriva que j'oubliai aussitôt l'endroit où je l'avais rangé. Des mois se passèrent pendant lesquels, me souvenant à plusieurs reprises du livre disparu, j'essayai de découvrir sa place, sans jamais y parvenir. Environ six mois plus tard, ma mère que j'aimais beaucoup tomba malade, et ma femme quitta aussitôt la maison pour aller la soigner. L'état de la malade s'aggravant, ce fut pour ma femme l'occasion de révéler ses meilleures qualités. Un jour, je rentre à la maison, enchanté de ma femme et plein de reconnaissance envers elle pour tout ce qu'elle avait fait. Je m'approchai de mon bureau, j'ouvris un tiroir sans aucune intention précise, mais avec une assurance toute somnambulique, et le premier objet qui me tomba sous les yeux fut le livre égaré, resté si longtemps introuvable. "

Johan Stärcke rapporte un autre cas qui se rapproche de ce dernier par la remarquable assurance avec laquelle l'objet a été retrouvé, une fois que le motif de l'oubli a disparu.

« Une jeune fille a gâché, en le coupant, un morceau d'étoffe dont elle voulait faire un col. Elle est obligée de faire venir une couturière, pour tenter de réparer le mal. La couturière arrivée, la jeune fille ouvre le tiroir dans lequel elle a mis l'étoffe, mais ne peut la retrouver. Elle met tout sens dessus dessous, mais en vain. En colère contre elle-même, elle se demande comment son étoffe a pu disparaître si brusquement et si elle ne reste pas introuvable, parce qu'elle *ne peut pas* la retrouver ; en effet, le calme revenu, elle finit par se rendre compte qu'elle avait honte de montrer à la couturière qu'elle était incapable de faire une chose aussi simple qu'un col. Ayant trouvé cette explication, elle se lève, s'approche d'une autre armoire et en retire sans aucune hésitation le fameux col mal coupé. "

L'exemple suivant correspond à un type que connaissent aujourd'hui tous les psychanalystes. Je tiens à dire, avant d'exposer le cas, que la personne à laquelle il est arrivé en a trouvé elle-même l'explication : « Un patient, dont le traitement analytique doit subir une interruption, en un moment où il se trouve dans une phase de résistance et de mauvais état général, dépose un soir, en se déshabillant, son trousseau de clefs à la place où, croyait-il, il avait l'habitude de le déposer. Il se rappelle aussitôt après qu'il doit partir le lendemain, après une dernière séance d'analyse. Il veut donc préparer quelques papiers et l'argent nécessaire pour régler les honoraires du médecin. Mais papiers et argent étant enfermés dans le tiroir de son bureau, il a besoin de ses clefs pour l'ouvrir. Or il s'aperçoit que ses clefs ont... disparu. Il commence à chercher et, de plus en plus énervé, il fait le tour de son petit appartement, fouillant dans tous les coins, mais sans aucun résultat. Comprenant que l'impossibilité où il est de retrouver ses clefs est un acte symptomatique, donc intentionnel, il réveille son domestique, dans l'espoir qu'une personne impartiale et désintéressée dans l'affaire aura plus de succès que lui. Après une nouvelle heure de recherches, il renonce à tout espoir et finit par penser que ses clefs sont perdues. Le lendemain matin, il commande de nouvelles clefs qui sont fabriquées d'urgence. Deux messieurs, qui l'ont accompagné chez lui la veille en voiture, croient se souvenir qu'ils ont entendu quelque chose tomber à terre, au moment où il descendait de voiture. Aussi est-il convaincu que les clefs ont glissé de sa poche. Le soir, le domestique, tout joyeux, lui présente ses clefs. Il les a trouvées entre un gros livre et une petite brochure (le travail d'un de mes élèves), que mon malade voulait emporter pour les lire pendant ses vacances. Elles y étaient si bien cachées que personne n'aurait pu soupçonner leur présence ; il a d'ailleurs été impossible à mon patient de les replacer de la même manière, au point de les rendre absolument invisibles. L'habileté inconsciente avec laquelle des motifs inconscients, mais puissants, nous font égarer un objet, ressemble tout à fait à l'"assurance somnambulique". Dans le cas présent, il s'agissait d'une contrariété que le patient devait éprouver devant l'interruption forcée de son traitement, et la nécessité où il se trouvait de payer des honoraires élevés, malgré son mauvais état de santé. "

Pour faire plaisir à sa femme, raconte Abraham Brill, un homme consent à se rendre à une réunion mondaine qui lui était au fond fort indifférente. Il commence donc par retirer de l'armoire son habit de cérémonie, mais se ravise et décide de se raser d'abord. Une fois rasé, il revient vers l'armoire, la trouve fermée et commence à chercher la clef. Ses recherches étant restées sans résultat, et devant l'impossibilité de trouver un serrurier, car c'était un dimanche, mari et femme sont obligés de rester chez eux et d'envoyer une lettre dans laquelle ils prient d'excuser leur absence. Lorsque l'armoire fut ouverte le lendemain matin par un serrurier, on trouva la clef à l'intérieur. Par distraction, le mari l'avait laissée tomber dans l'armoire et l'avait refermée (l'armoire était à fermeture automatique). Il m'affirma qu'il l'avait fait sans s'en rendre compte et sans aucune intention, mais nous savons bien qu'il n'avait aucune envie d'aller à cette réunion. Il y avait donc une bonne raison pour égarer la clef.

M. Ernest Jones a observé sur lui-même qu'après avoir beaucoup fumé, au point de se sentir mal à l'aise, il n'arrivait pas à retrouver sa pipe. Celle-ci se trouvait alors dans tous les endroits où elle ne devait pas être et où Jones n'avait pas l'habitude de la déposer.

Madame Dora Müller communique ce cas inoffensif dont la motivation a d'ailleurs été reconnue par la personne intéressée[3] :

Mademoiselle Erna A. raconte, deux jours avant Noël : « Hier soir, j'ouvre mon paquet de pains d'épices et je commence à en manger un ; tout en mangeant, je pense que Mlle F. (la dame de compagnie de ma mère) viendra dans un instant me souhaiter bonne nuit et que je serai obligée de lui offrir un de mes pains d'épices ; la perspective ne me sourit guère, mais je suis décidée à m'exécuter. Voyant entrer Mlle F., j'étends mon bras vers la table sur laquelle je croyais avoir déposé mon paquet, et m'aperçois que celui-ci n'y est pas. Je commence à le chercher et finis par le trouver enfermé dans mon armoire où je l'avais mis sans m'en rendre compte. " L'analyse de ce cas était superflue, Mlle Erna A. en ayant compris elle-même la signification. Le désir réprimé de garder pour elle-même les gâteaux s'est manifesté par un acte quasi automatique, mais a subi une nouvelle répression à la suite de l'acte conscient consécutif.

Hanns Sachs nous raconte comment il s'est un jour soustrait à l'obligation de travailler, grâce à un acte de ce genre.

« Dimanche dernier, au début de l'après-midi, je me suis demandé si j'allais me mettre au travail ou si j'irais me promener et faire ensuite une visite que je projetais. Après quelque hésitation, je me suis décidé pour le travail. Au bout d'une heure, je m'aperçois que ma réserve de papier est épuisée. Je savais bien que je devais avoir dans quelque tiroir un peu de papier acheté depuis longtemps, mais je l'ai cherché en vain dans mon bureau et dans tous les autres endroits où je pouvais soupçonner sa présence, dans les livres, les brochures, parmi les lettres, etc. Je me suis donc vu obligé d'interrompre mon travail et, faute de mieux, de sortir. Rentré le soir à la maison, je me suis assis sur un canapé et me suis plongé dans des réflexions, les yeux fixés sur la bibliothèque qui était en face de moi. Tout à coup j'y aperçois une boîte et me souviens n'avoir pas vérifié son contenu depuis un certain temps. Je m'approche et je l'ouvre. Tout à fait au-dessus je trouve un portefeuille en cuir et, dans ce portefeuille, du papier blanc. Mais c'est seulement après avoir retiré ce papier, pour le ranger dans un tiroir de mon bureau, que je me suis rendu compte que c'était précisément le papier que j'avais en vain cherché au cours de l'après-midi. Je dois ajouter que, sans être très économe, je ménage beaucoup mon papier et en utilise le moindre reste. C'est sans doute à cette habitude que je dois d'avoir corrigé mon oubli dès que son mobile a disparu. "

En examinant attentivement les cas où il s'agit de l'impossibilité de retrouver un objet rangé, on est obligé d'admettre que cette impossibilité ne peut avoir d'autre cause qu'une intention inconsciente.

À l'été 1901 j'ai déclaré à un ami, avec lequel j'avais alors des discussions très vives sur des questions scientifiques : « Ces problèmes concernant les névroses ne peuvent être résolus que si l'on admet sans réserves l'hypothèse de la bisexualité originelle de l'individu. " Et mon ami de répondre : « C'est ce que je t'ai déjà dit à Br., il y a plus de deux ans, au cours d'une promenade que nous faisions le soir. Mais alors tu ne voulais pas en entendre parler. " Il est douloureux de se voir ainsi dépouiller de ce qu'on considère comme son apport original. Je ne pus me souvenir ni de cette conversation datant de plus de deux ans, ni de cette opinion de mon ami. L'un de nous deux devait se tromper ; d'après le principe *cui prodest* ?, ce devait être moi. Et en effet, au cours de la semaine suivante, j'ai pu me rappeler que tout s'était passé exactement comme l'avait dit mon ami ; je me rappelle même ma réponse d'alors : « Je n'en suis pas encore là et ne veux pas discuter cette question. " Je suis depuis lors devenu plus tolérant, lorsque je trouve exprimée dans la littérature médicale une des idées auxquelles on peut rattacher mon nom, sans que celui-ci soit mentionné par l'auteur.

Reproches à l'adresse de sa femme ; amitié se transformant en son contraire ; erreur de diagnostic ; élimination par des concurrents ; appropriation d'idées d'autrui : ce n'est pas par hasard

que dans tout un groupe d'exemples d'oubli, réunis sans choix, on est
obligé de remonter, si l'on veut en trouver l'explication, à des mobiles
et à des sujets souvent pénibles. Je pense que tous ceux qui voudront
rechercher les mobiles de tel ou tel de leurs oublis seront obligés de
s'arrêter en fin de compte à des explications du même genre, c'est-à-
dire tout aussi désagréables. La tendance à oublier ce qui est pénible
et désagréable me semble générale, bien que la faculté d'oubli soit
plus ou moins bien développée selon les individus. Plus d'une de ces
négations auxquelles nous nous heurtons dans notre pratique
médicale ne constitue probablement qu'un simple *oubli* [4]. Notre
conception des oublis de ce genre nous permet de réduire la
différence entre les deux attitudes à des conditions purement
psychologiques et de voir dans les deux modes de réaction
l'expression d'un seul et même motif. De tous les nombreux
exemples de négation de souvenirs désagréables que j'ai eu
l'occasion d'observer dans l'entourage de malades, il en est un dont
je me souviens d'une façon toute particulière. Une mère me
renseigna sur l'enfance de son fils adolescent, atteint d'une maladie
nerveuse, et me raconta à ce propos que lui et ses frères et sœurs
avaient, jusqu'à un âge relativement avancé, présenté de
l'incontinence nocturne, ce qui n'est pas sans importance comme
antécédent dans une maladie nerveuse. Quelques semaines plus tard,
lorsqu'elle vint me demander des renseignements sur la marche du
traitement, je profitai de l'occasion pour attirer son attention sur les
signes de prédisposition morbide existant chez le jeune homme et
j'évoquai à ce propos l'incontinence nocturne dont elle m'avait elle-
même parlé précédemment. À mon grand étonnement, elle contesta
le fait, en ce qui concerne mon malade aussi bien que ses autres
enfants. Elle me demanda d'où je le savais, et je dus lui apprendre
qu'elle m'avait mis elle-même au courant de ce détail, chose qu'elle
avait totalement oubliée[5].

Même chez les personnes bien portantes, exemptes de toute
névrose, on constate l'existence d'une résistance qui s'oppose au

souvenir d'impressions pénibles, à la représentation d'idées pénibles[6]
. Mais ce fait n'apparaît dans toute sa signification que lorsqu'on
examine la psychologie de personnes névrosées. On est alors obligé
de reconnaître dans cet élémentaire instinct de défense contre des
représentations susceptibles d'éveiller des sensations désagréables,
dans cet instinct qui ne peut être comparé qu'au réflexe qui provoque
la fuite dans les excitations douloureuses, un des piliers du
mécanisme qui supporte les symptômes hystériques. Qu'on n'oppose
pas à la supposition que nous faisons concernant l'existence de cet
instinct de défense le fait que nous sommes assez souvent dans
l'impossibilité de nous débarrasser de souvenirs pénibles qui nous
obsèdent, de chasser des sentiments pénibles tels que le remords, le
repentir, etc. C'est que nous ne prétendons pas que cet instinct de
défense soit capable de s'affirmer dans tous les cas, qu'il ne puisse
pas, dans le jeu des forces psychiques, se heurter à des facteurs qui,
en rapport avec d'autres buts, cherchent à réaliser le contraire et le
réalisent à l'encontre de l'instinct en question. *Le principe
architectonique de l'appareil psychique doit être reconnu comme
consistant dans la superposition, la stratification de plusieurs instances
différentes*, et il est fort possible que l'instinct de défense fasse partie
d'une instance inférieure et soit entravé dans son action par des
instances supérieures. Ce qui prouve toutefois l'existence et la
puissance de l'instinct de défense, ce sont les processus qui, comme
ceux décrits dans nos exemples, peuvent y être ramenés. Nous
voyons que beaucoup de choses sont oubliées pour elles-mêmes ;
mais dans les cas où cela n'est pas possible, l'instinct de défense
déplace son but et plonge dans l'oubli autre chose, une chose moins
importante, mais qui, pour une raison ou une autre, est reliée à la
chose principale par une quelconque association.

Cette manière de voir, d'après laquelle les souvenirs succombent
particulièrement facilement à l'oubli motivé, mériterait d'être
étendue à beaucoup d'autres domaines dans lesquels on n'en tient
pas encore suffisamment compte, sans parler des cas où elle n'est pas

du tout prise en considération. C'est ainsi qu'à mon avis on n'y attache pas encore l'importance qu'elle mérite dans l'utilisation des témoignages en justice et qu'on attribue aux témoignages faits sous la foi du serment une action trop purificatrice sur le jeu des forces psychiques du témoin. Tout le monde admet qu'en ce qui concerne les traditions et l'histoire légendaire d'un peuple il faut tenir compte, si l'on veut bien les comprendre, d'un motif semblable, c'est-à-dire le désir de faire disparaître du souvenir du peuple tout ce qui blesse ou choque son sentiment national. Une étude plus approfondie permettra peut-être un jour d'établir une analogie complète entre la manière dont se forment les traditions populaires et celle dont se forment les souvenirs d'enfance de l'individu. Le grand Darwin, qui a très bien compris que l'oubli ne constitue le plus souvent qu'une réaction contre le sentiment pénible ou désagréable lié à certains souvenirs, a tiré de cette conception ce qu'il a appelé la « règle d'or " de la probité scientifique[7].

De même que l'oubli de noms, l'oubli d'impressions peut s'accompagner de faux souvenirs qui, dans les cas où le sujet les considère comme des expressions de la vérité, sont désignés sous le nom d'illusions de la mémoire. Ces illusions de la mémoire, de nature pathologique – et dans la paranoïa elles jouent précisément le rôle d'un élément constitutif de la folie – ont provoqué une littérature dans laquelle je ne trouve aucune allusion à une motivation quelconque. Comme cette question ressortit également à la psychologie des névroses, je n'ai pas à m'en occuper ici. Je citerai, en revanche, un exemple singulier et personnel d'illusion de la mémoire ; on y reconnaît très nettement et sa motivation par des matériaux incons cients refoulés et la manière dont elle se rattache à ces matériaux.

Alors que j'écrivais les derniers chapitres de mon livre sur la *Science des rêves* , je me trouvais en villégiature, sans avoir à ma disposition ni bibliothèques, ni livres de référence, de sorte que j'ai été obligé, sous la réserve de corrections ultérieures, d'écrire de mémoire beaucoup de citations et de références. En écrivant le chapitre sur les « rêves éveillés ", je me suis souvenu de l'excellente figure du pauvre comptable, de ce personnage du *Nabab* , auquel Alphonse Daudet attribue des traits qui peuvent bien avoir un caractère autobiographique. Je croyais me souvenir très nettement de l'un des rêves que cet homme (qui, d'après mes souvenirs, devait s'appeler M. Jocelyn) forgeait au cours de ses promenades à travers les rues de Paris et je commençai à le reproduire de mémoire. Or, comme M. Jocelyn se jette à la tête d'un cheval emballé pour l'arrêter, la portière de la voiture s'ouvre, un haut personnage descend du coupé, serre la main de M. Jocelyn et lui dit : « Vous êtes mon sauveur, je vous dois la vie. Que puis-je pour vous ? "

Les quelques inexactitudes que j'ai pu commettre en reproduisant ce rêve seront faciles à corriger, pensais-je, quand je serai rentré à la maison et que j'aurai le livre sous la main. Mais lorsque, rentré de vacances, je me suis mis à feuilleter le *Nabab* , pour confronter le texte avec mon manuscrit, je fus tout honteux et étonné de n'y rien trouver qui ressemblât à la rêverie que j'avais attribuée à M. Jocelyn et même de constater que le pauvre comptable s'appelait non M. Jocelyn mais M. *Joyeuse* . Cette deuxième erreur m'a fourni aussitôt la clef pour l'explication de la première, c'est-à-dire de l'illusion de la mémoire. *Joyeux* (dont le nom *Joyeuse* représente la forme féminine) : telle est la traduction française de mon propre nom (*Freud*). Mais d'où provenait la rêverie que j'avais faussement attribuée à Daudet ? Elle ne pouvait être que mon produit personnel, un rêve éveillé que j'ai fait moi-même et qui n'a pas pénétré dans ma conscience ou qui, si jamais j'en ai eu conscience, a été depuis complètement oublié. Il est possible que j'aie fait ce rêve à Paris même, au cours d'une de mes nombreuses promenades tristes et solitaires, alors que j'avais tant besoin d'aide et de protection, avant que le maître Charcot m'eût introduit dans son cercle. J'ai eu plusieurs fois l'occasion de rencontrer l'auteur du *Nabab* dans la maison de Charcot. Ce qui me contrariait seulement dans cette affaire, c'est qu'il n'y a rien qui me répugne autant que la situation d'un protégé. Ce qu'on en voit dans notre pays est fait pour vous ôter toute envie de chercher des protections, et mon caractère ne s'accommoderait d'ailleurs pas de l'attitude que comportent les obligations d'un protégé. J'ai toujours tendu tous mes efforts à être libre et indépendant, un homme qui ne doive rien à autrui. Et c'est moi qui devais me rendre coupable d'un rêve pareil (qui n'a d'ailleurs jamais reçu même un commencement de réalisation !). Ce cas fournit encore un excellent exemple de la manière dont nos rapports avec notre propre moi (rapports réprimés à l'état normal, mais se manifestant victorieusement dans la paranoïa) nous troublent et embrouillent notre considération objective des choses.

Un autre cas d'illusion de la mémoire, qui se laisse, lui aussi, expliquer d'une façon satisfaisante, se rapproche de la « fausse reconnaissance " dont nous nous occuperons plus tard. Le voici : Je raconte à l'un de mes malades, homme ambitieux et très doué, qu'un jeune étudiant vient de s'affirmer comme un de mes élèves par un intéressant travail intitulé : *L'Artiste. Essai d'une psychologie sexuelle.* Lorsque ce travail eut paru en librairie quinze mois plus tard, mon malade m'affirma qu'il se souvenait avoir déjà lu quelque part (dans un catalogue de librairie peut-être) l'annonce de ce travail, avant même que je lui en aie parlé la première fois (peut-être un mois, peut-être six mois avant cette époque). Il aurait alors déjà pensé à cette notice et constaté, en outre, que l'auteur a modifié le titre de son travail, qui s'intitule maintenant *Contribution à une psychologie sexuelle* , au lieu de *Essai d'une psychologie sexuelle* . M'étant renseigné auprès de l'auteur et ayant comparé toutes les dates, j'ai bien été obligé de conclure que mon malade voulait se rappeler une chose impossible. Aucune notice annonçant ce travail n'avait paru avant son impression ; en tous cas, il n'en a été question nulle part quinze mois à l'avance. J'allais renoncer à l'interprétation de cette illusion de la mémoire, lorsque le malade vint me faire part d'une autre illusion du même genre. Il croyait avoir aperçu tout récemment, dans la vitrine d'une librairie, un ouvrage sur l'*agoraphobie* qu'il voulait acheter, mais qu'il ne trouvait dans aucun catalogue. Je pus alors lui expliquer pourquoi ses recherches devaient rester vaines. L'ouvrage sur l'agoraphobie était né dans son imagination, à titre de projet inconscient, et c'est lui-même qui devait l'écrire. Son ambition de rivaliser avec le jeune homme dont j'ai parlé plus haut et d'écrire un travail scientifique susceptible de l'introduire dans le cercle de mes élèves l'avait conduit à la première comme à la seconde de ces illusions de la mémoire. Il se rappela alors que la notice de librairie qui l'avait conduit à cette erreur se rapportait à un ouvrage intitulé *Genèse, loi de la reproduction* . Quant à la modification du titre dont il avait parlé, c'est moi qui lui en avais suggéré l'idée, car je me suis rappelé avoir commis une inexactitude dans l'intitulé du travail de mon élève : j'ai dit notamment « essai ", au lieu de « contribution ".

Oubli de projets

Aucun autre groupe de phénomènes ne se prête mieux que l'oubli de projets à la démonstration de la thèse que la faiblesse de l'attention ne suffit pas, à elle seule, à expliquer un acte manqué. Un projet est une impulsion à l'action qui a déjà reçu le consentement du sujet, mais dont l'exécution est fixée à une époque déterminée. Or, dans l'intervalle qui sépare la conception d'un projet de son exécution, il peut survenir dans les motifs une modification telle que le projet ne soit pas exécuté, sans pour autant être oublié : il est tout simplement modifié ou supprimé. En ce qui concerne l'oubli de projets, qui se produit journellement et dans toutes les situations possibles, loin de l'expliquer par un changement dans l'équilibre des motifs, nous le laissons tout simplement inexpliqué ou bien nous nous contentons de dire qu'à l'époque de l'exécution l'attention qu'exige l'action a fait défaut, cette même attention qui était une condition indispensable de la conception du projet et qui, à ce moment-là, aurait suffi à assurer sa réalisation. L'observation de notre attitude normale à l'égard de nos projets montre tout ce que cet essai d'explication a d'arbitraire. Si je conçois le matin un projet qui doit être réalisé le soir, il peut arriver que certaines circonstances m'y fassent songer plusieurs fois au cours de la journée. Mais il n'est pas du tout nécessaire que ce projet reste dans ma conscience toute la journée. Lorsque le moment de la réalisation approche, il me revient subitement à la mémoire et m'incite à faire les préparatifs que nécessite l'action projetée. Lorsqu'en sortant de chez moi j'emporte une lettre que je me propose de mettre dans une boîte, je n'ai nullement besoin, si je suis un individu normal et non névrosé, de tenir la lettre à la main tout le long du chemin et de chercher tout le temps à droite et à gauche une boîte aux lettres pour exécuter mon projet à la première occasion qui pourra se présenter : je mets ma lettre dans ma poche, je suis tranquillement mon chemin, je laisse mes idées se succéder, librement, comptant bien que la première boîte que j'apercevrai éveillera mon attention et m'incitera à plonger la main dans ma poche pour en retirer la lettre. L'attitude normale à l'égard d'un projet conçu se rapproche tout à fait de celle que l'on détermine chez des personnes auxquelles on a suggéré sous l'hypnose une « idée post-hypnotique à longue échéance[8] ". On décrit généralement le phénomène de la manière suivante : le projet suggéré sommeille chez la personne en question jusqu'à l'approche du moment de l'exécution. Il s'éveille ensuite et pousse à l'action.

Il est deux situations dans la vie où le profane lui-même se rend compte que l'oubli de projets n'est nullement un phénomène élémentaire irréductible, mais autorise à conclure à l'existence de motifs inavoués. Je veux parler de l'amour et du service militaire. Un amoureux qui se présente à un rendez-vous avec un certain retard aura beau s'excuser auprès de sa dame en disant qu'il avait malheureusement oublié ce rendez-vous. Elle ne tardera pas à lui répondre : « Il y a un an, tu n'aurais pas oublié. C'est que tu ne m'aimes plus. " Et si, ayant recours à l'explication psycho logique mentionnée plus haut, il cherche à excuser son oubli par des affaires urgentes, la dame, devenue aussi perspicace en psychanalyse qu'un médecin spécialiste, lui répondra : « Il est bizarre que tu n'aies jamais été troublé par tes affaires. " Certes, la dame n'exclura pas toute possibilité d'oubli ; elle pensera seulement, et non sans raison, que l'oubli non intentionnel est un indice presque aussi sûr d'un certain non-vouloir qu'un prétexte conscient.

De même, dans la vie militaire on n'admet aucune différence de principe entre une négligence par oubli et une négligence intentionnelle. Le soldat *doit* ne rien oublier de ce qu'exige de lui le service militaire. Si, cependant, il se rend coupable d'un oubli, alors qu'il sait très bien ce qui est exigé, c'est qu'il existe chez lui des motifs qui s'opposent à ceux qui doivent l'inciter à l'accomplissement des exigences militaires. Le soldat d'un an qui voudrait s'excuser au rapport, en disant qu'il a *oublié* d'astiquer ses boutons, serait sûr d'encourir une punition. Punition qu'on peut considérer comme insignifiante, si l'on songe à celle qu'il encourrait s'il s'avouait à lui-même et s'il avouait à ses supérieurs que toutes ces chinoiseries du service lui répugnent. C'est pour s'épargner cette punition plus sévère, c'est pour des raisons pour ainsi dire économiques qu'il se sert de l'oubli comme d'une excuse, à moins que l'oubli ne soit réel et ne vienne s'offrir à titre de compromis.

Les femmes, comme les autorités militaires, prétendent que tout ce qui se rattache à elles doit être soustrait à l'oubli et professent ainsi l'opinion que l'oubli n'est permis que dans les choses sans importance, tandis que dans les choses importantes il est une preuve qu'on veut traiter ces choses comme insignifiantes, c'est-à-dire leur refuser toute valeur[2] . Il est certain que le point de vue de l'appréciation psychique ne peut pas être totalement écarté dans ces matières. Personne n'oublie d'accomplir des actions qui lui paraissent importantes, faute de quoi il s'expose à être soupçonné d'un trouble psychique. Aussi nos recherches ne peuvent-elles porter que sur l'oubli de projets plus ou moins secondaires ; il n'existe pas, à notre avis, de projets tout à fait indifférents, car si de tels projets existaient, on ne voit pas pourquoi ils auraient été conçus.

Comme pour les troubles fonctionnels décrits précédemment, j'ai réuni et cherché à expliquer les cas de négligence par oubli que j'ai observés sur moi-même ; et j'ai invariablement trouvé que l'oubli était dû dans tous les cas à l'intervention de motifs inconnus et inavoués, ou si je puis m'exprimer ainsi, à l'intervention d'une *contre-volonté* . Dans une série de ces cas, je me trouvais dans une situation qui rappelle les conditions du service militaire, je subissais une contrainte contre laquelle je n'avais jamais cessé de me révolter, ma révolte se manifestant par des oublis. À cela je dois ajouter que j'oublie très facilement de complimenter les gens à l'occasion d'anniversaires, de jubilés, de mariages et d'avancements. Plus je m'attache à le faire, et plus je constate que cela ne me réussit pas. Je finirai par me décider à y renoncer et à obéir consciemment et volontairement aux motifs qui s'y opposent. À un ami qui m'avait chargé, à l'occasion d'un certain événement, d'expédier à une date fixe un télégramme de félicitations (ce qui, pensait-il, me serait d'autant plus facile que j'avais, moi aussi, à télégraphier à l'occasion du même événement), j'avais prédit que j'oublierais certainement d'expédier aussi bien mon télégramme que le sien. Et je n'ai été nullement étonné de voir ma prophétie se réaliser. À la suite de douloureuses expériences que la vie m'avait réservées, je suis devenu incapable de manifester mon intérêt dans les cas où cette manifestation doit nécessairement revêtir une forme exagérée, hors de proportion avec le sentiment plutôt tiède que j'éprouve dans ces occasions. Depuis que je me suis rendu compte que j'ai souvent pris chez les autres une sympathie feinte pour une sympathie véritable, je me suis révolté contre les manifestations conventionnelles d'une sympathie de commande, manifestations dont je ne vois d'ailleurs pas l'utilité sociale. Seuls les décès trouvent grâce devant ma sévérité ; et toutes les fois où je me suis proposé d'exprimer mes condoléances à l'occasion d'un décès, je n'ai pas manqué de le faire.

Toutes les fois où mes manifestations affectives n'ont pas le caractère d'une obligation sociale, elles s'expriment librement, sans être entravées ou étouffées par l'oubli.

Le lieutenant T. rapporte un cas d'oubli de ce genre, survenu pendant sa captivité. Il s'agit également d'un projet qui, réprimé d'abord, n'en a pas moins réussi à se faire jour, créant ainsi une situation très pénible.

Un cas d'omission

« Le supérieur d'un camp d'officiers-prisonniers est offensé par un de ses camarades. Pour éviter des suites fâcheuses, il veut se servir du seul moyen radical dont il dispose, en éloignant ce dernier et en le faisant déplacer dans un autre camp. Cédant aux instances de plusieurs amis, il se décide cependant, bien à contrecœur, à ne pas recourir à cette mesure et à se soumettre à une procédure d'honneur, malgré tous les inconvénients qui doivent en résulter.

« Ce même matin, le commandant en question devait, sous le contrôle d'un surveillant, faire l'appel de tous les officiers-prisonniers. Connaissant tous ses camarades depuis longtemps, il ne s'était jamais trompé en faisant l'appel. Mais cette fois il sauta le nom de son offenseur, de sorte que celui-ci dut rester à sa place après le départ de tous les autres, jusqu'à ce que le commandant se fût aperçu de l'erreur. Or, le nom omis était écrit très distinctement au milieu de la feuille.

« Cet incident a été interprété par celui qui en fut la victime comme un affront voulu ; mais l'autre n'y a vu qu'un hasard malheureux, autorisant la supposition erronée du premier. Après avoir cependant lu la *Psychopathologie* de Freud, le commandant a pu se faire une idée exacte de ce qui était arrivé. "

C'est encore par un conflit entre un devoir conventionnel et un jugement intérieur non avoué que s'expliquent les cas où l'on oublie d'accomplir des actions qu'on avait promis d'accomplir au profit d'un autre. Le bienfaiteur est alors généralement le seul à voir dans l'oubli qu'il invoque une excuse suffisante, alors que le solliciteur pense sans doute, et non sans raison : « Il n'avait aucun intérêt à faire ce qu'il m'avait promis, autrement il ne l'aurait pas oublié ". Il est des hommes qu'on considère généralement comme ayant l'oubli facile et qu'on excuse de la même manière dont on excuse les myopes, lorsqu'ils ne saluent pas dans la rue[10] . Ces personnes oublient toutes les petites promesses qu'elles ont faites, ne s'acquittent d'aucune des commissions dont on les a chargées, se montrent peu sûres dans les petites choses et prétendent qu'on ne doit pas leur en vouloir de ces petits manquements qui s'expliqueraient, non par leur caractère, mais par une certaine particularité organique[11] . Je ne fais pas partie moi-même de cette catégorie de gens et je n'ai pas eu l'occasion d'analyser les actes de personnes sujettes aux oublis de ce genre, de sorte que je ne puis rien affirmer avec certitude quant aux motifs qui président à ces oublis. Mais je crois pouvoir dire par analogie qu'il s'agit d'un degré très prononcé de mépris à l'égard d'autrui, mépris inavoué et inconscient, certes, et qui utilise le facteur constitutionnel pour s'exprimer et se manifester[12] .

Dans d'autres cas, les motifs de l'oubli sont moins faciles à deviner et provoquent, lorsqu'ils sont découverts, une surprise plus grande. C'est ainsi que j'ai remarqué autrefois que, sur un certain nombre de malades que j'avais à visiter, les seules visites que j'oubliais étaient celles que je devais faire à des malades gratuits ou à des confrères malades. Pour me mettre à l'abri de ces oublis, dont j'avais honte, j'avais pris l'habitude de noter dès le matin toutes les visites que j'avais à faire dans le courant de la journée. J'ignore si d'autres médecins ont eu recours au même moyen pour arriver au même résultat. Mais cette expérience nous fournit une indication quant aux mobiles qui poussent le neurasthénique à noter sur le fameux « bout de papier " tout ce qu'il se propose de dire au médecin. On dirait qu'il ne se fie pas à la force et à la fidélité de sa mémoire. C'est certainement exact, mais les choses se passent le plus souvent ainsi : après avoir longuement exposé les troubles qu'il ressent et posé toutes les questions qui s'y rapportent, le malade fait une petite pause, après laquelle il tire de sa poche son bout de papier et dit en s'excusant : « J'ai noté sur ce papier certaines choses, sinon je ne me souviendrais de rien. " Dans la plupart des cas, rien ne se trouve noté sur ce papier qu'il n'ait déjà dit. Il répète donc tous les détails et se répond à lui-même : « Cela, je l'ai déjà demandé. " Son bout de papier ne sert sans doute qu'à mettre en lumière un de ses symptômes, à savoir la fréquence avec laquelle ses projets sont troublés par des motifs étrangers.

Je vais avouer maintenant un défaut dont souffrent aussi la plupart des personnes saines que je connais ; il m'arrive très facilement, peut-être moins facilement que lorsque j'étais plus jeune, d'oublier de rendre les livres empruntés ou de différer certains paiements en les oubliant. Il n'y a pas très longtemps, je suis sorti un matin du bureau de tabac où j'achète tous les jours mes cigares, en oubliant de payer. Ce fut une négligence tout à fait inoffensive étant donné que le tenancier du bureau me connaît et qu'il était sûr d'être payé le lendemain. Mais le petit retard, la tentative de faire des dettes n'étaient certainement pas étrangers aux considérations budgétaires qui m'avaient préoccupé la veille. Même chez les hommes dits tout à fait honnêtes, on découvre facilement les traces d'une double attitude à l'égard de l'argent et de la propriété. La convoitise primitive du nourrisson qui cherche à s'emparer de tous les objets (pour les porter à sa bouche) ne disparaît, d'une façon générale, qu'incomplètement sous l'influence de la culture et de l'éducation[13] .

On trouvera peut-être qu'à force de citer des exemples de ce genre j'ai fini par tomber dans la banalité. Mais mon but était précisément d'attirer l'attention sur des choses que tout le monde connaît et comprend de la même manière, autrement dit de réunir des faits de tous les jours et de les soumettre à un examen scientifique. Je ne vois pas pourquoi on refuserait à cette sorte de sagesse, qui est la cristallisation des expériences de la vie quotidienne, une place parmi les acquisitions de la science. Ce qui constitue le caractère essentiel du travail scientifique, ce n'est pas la nature des faits sur lesquels il porte, mais la rigueur de la méthode qui préside à la constatation de ces faits et la recherche d'une synthèse aussi vaste que possible.

En ce qui concerne les projets de quelque importance, nous avons trouvé en général qu'ils sont oubliés, lorsqu'ils sont contrariés par des motifs obscurs. Dans les projets de moindre importance, l'oubli peut encore être amené par un autre mécanisme, le projet subissant le contrecoup de la résistance intérieure qui s'oppose à un autre ensemble psychique quelconque, et cela en vertu d'une simple association *extérieure* entre cet ensemble et le projet en question. En voici un exemple : j'aime le bon buvard et me propose de profiter d'une course que je dois faire cet après-midi dans le centre de la ville, pour en acheter. Mais pendant quatre jours consécutifs j'oublie mon projet et je finis pas me demander quelle peut être la cause de cet oubli. Je trouve cette cause, en me rappelant que j'ai l'habitude d'écrire *Löschpapier* , mais de dire *Fliesspapier* [14] . Or, « Fliess " est le nom d'un de mes amis de Berlin, au nom duquel se sont trouvées associées dans mon esprit, ces jours derniers, des idées et préoccupations pénibles. Je ne puis me défaire de ces idées et préoccupations, mais l'instinct de défense se manifeste en se déplaçant, à la faveur de la ressemblance phonétique, sur le projet indifférent et, de ce fait, moins résistant.

Une opposition directe et une motivation plus éloignée se sont manifestées simultanément dans le cas de retard suivant : j'ai écrit, pour la collection *Grenzfragen des Nerven und Seelenlebens* , une brève monographie, qui était un résumé de ma « Science des rêves ". Bergmann, de Wiesbaden, m'envoie des épreuves, me priant de les corriger au plus tôt, car il veut faire paraître le fascicule avant Noël. Je corrige les épreuves le soir même et les dépose sur mon bureau, pour les expédier le lendemain matin. Le lendemain, j'oublie totalement mon projet et ne m'en souviens que l'après-midi, en apercevant le paquet sur ma table. J'oublie encore d'emporter les épreuves l'après-midi, le soir, et le matin suivant ; enfin, dans l'après-midi du deuxième jour, je me lève brusquement, m'empare des épreuves et sors précipitamment pour mettre mon paquet dans la première boîte aux lettres. Chemin faisant, je me demande avec étonnement quelle peut bien être la cause de mon retard. Il est évident que je ne tiens pas à expédier les épreuves, mais je ne trouve pas le *pourquoi*. Au cours de la même promenade, j'entre chez mon éditeur de Vienne qui a publié mon livre sur les rêves et lui dis comme poussé par une inspiration subite :

« Savez-vous que j'ai écrit une nouvelle variante du *Rêve* ?

— Ah, pardon !

— Calmez-vous : il ne s'agit que d'une brève monographie pour la collection Löwenfeld-Kurella. "

Il n'était pas rassuré ; il craignait un préjudice pour la vente du livre. Je cherche à lui prouver le contraire et lui demande finalement :

« Si je vous avais demandé l'autorisation, avant d'écrire cette monographie, me l'auriez-vous refusée ?

— Certainement non ! "

Je crois, en ce qui me concerne, que j'étais tout à fait dans mon droit et n'ai fait que me conformer à l'usage ; il me semble cependant que c'est la même appréhension que celle manifestée par l'édi teur qui a été la cause de mon hésitation à renvoyer les épreuves. Cette appréhension se rattache à une circonstance antérieure, et notamment aux objections qui m'ont été faites par un autre éditeur, lorsque, chargé d'écrire pour le *Manuel* de Nothnagel le chapitre sur la paralysie cérébrale infantile, j'ai reproduit dans ce travail quelques pages d'un mémoire sur la même question, paru antérieurement chez l'éditeur de ma *Science des rêves*. Dans ce dernier cas, le reproche n'était pas plus justifié, car j'ai alors loyalement prévenu l'éditeur du mémoire de mon intention d'y emprunter quelques pages pour mon travail destiné au *Manuel* de Nothnagel.

Mais en remontant la suite de mes souvenirs, j'évoque une circonstance encore plus ancienne où, à l'occasion d'une traduction d'un livre français, j'ai vraiment lésé certains droits de propriété littéraire. J'avais ajouté au texte traduit des notes, sans en avoir demandé l'autorisation à l'auteur, et j'ai eu quelques années plus tard l'occasion de m'assurer que celui-ci n'était pas du tout content de mon sans-gêne.

Il existe un proverbe témoignant que le bon sens populaire sait bien qu'il n'y a rien d'accidentel dans l'oubli de projets : « Ce qu'on a oublié de faire une fois, on l'oubliera encore bien d'autres fois. "

Sans doute, on ne peut pas ne pas reconnaître que tout ce qu'on pourrait dire sur l'oubli et sur les actes manqués est considéré par la plupart des hommes comme connu et allant de soi. Mais pourquoi est-il nécessaire de présenter chaque fois à leur conscience ce qu'ils connaissent si bien ? Que de fois ai-je entendu dire : « Ne me charge pas de cette commission, je l'oublierai certainement. " Dans cette prédiction il n'y avait sûrement rien de mystique. Celui qui parlait ainsi sentait en lui vaguement le projet de ne pas s'acquitter de la commission et hésitait seulement à l'avouer.

L'oubli de projets reçoit d'ailleurs une bonne illustration de ce qu'on pourrait appeler « la conception de faux projets ". J'avais promis à un jeune auteur de rendre compte d'un petit ouvrage qu'il avait écrit. Des résistances intérieures, dont je ne me rendais pas compte, m'ont fait différer ce projet, jusqu'à ce que, l'ayant rencontré un jour et cédant à ses instances, j'aie fini par lui promettre de lui donner satisfaction le soir même. J'étais tout à fait décidé à tenir ma promesse, mais j'avais oublié que j'avais ce même soir à rédiger d'urgence un rapport d'expertise médicale. Ayant fini par me rendre compte que j'avais conçu un faux projet, j'ai renoncé à lutter contre mes résistances et j'ai fait savoir à l'auteur que je retirais ma promesse.

Chapitre VII
Les erreurs

Les erreurs de mémoire ne se distinguent des oublis avec faux souvenir que par ce détail que les premières, loin d'être reconnues comme telles, trouvent créance. L'emploi du mot « erreur " semble se rattacher encore à une autre condition. Nous parlons d'*erreur*, au lieu de parler de *faux souvenir*, lorsque dans les matériaux psychiques qu'on veut reproduire on tient à mettre l'accent sur leur réalité objective, c'est-à-dire lorsqu'on veut se souvenir d'autre chose que d'un fait de la vie psychique de la personne qui cherche à se souvenir, d'une chose pouvant être confirmée ou réfutée par le souvenir d'autres personnes. D'après cette définition, c'est l'ignorance qui serait le contraire d'une erreur de mémoire.

Dans mon livre *Die Traumdeutung*, je me suis rendu coupable d'une foule d'erreurs portant sur des faits historiques et autres, erreurs qui m'ont frappé et étonné lorsque j'ai relu le livre après sa publication. Un examen un peu approfondi n'a pas tardé à me montrer que ces erreurs ne tenaient nullement à mon ignorance, que c'étaient des erreurs de mémoire facilement explicables par l'analyse.

a) Page 266, je donne la ville de *Marburg*, dont le nom se retrouve en Styrie, comme étant la ville natale de *Schiller*. Je retrouve la cause de cette erreur dans l'analyse d'un rêve que j'ai fait au cours d'un voyage de nuit et dont j'ai été brusquement tiré par le conducteur annonçant la station *Marburg*. Dans ce rêve, il était question d'un livre de *Schiller*. Or, Schiller est né, non dans la ville universitaire de *Marburg* , mais dans la ville souabe *Marbach* . Cela, je l'affirme, je l'ai toujours su.

b) Page 135, je donne au père d'*Hannibal* le nom d'*Hasdrubal* . Cette erreur, qui m'a été particulièrement désagréable, ne m'a d'ailleurs que confirmé dans la conception que je me suis faite des erreurs de ce genre. Peu de lecteurs de mon livre étaient mieux au courant de l'histoire des Barkides que moi qui ai commis cette erreur et l'ai laissée passer dans trois épreuves. Le père d'Hannibal s'appelait Hamilcar Barkas ; quant à Hasdrubal, c'était le nom du frère d'Hannibal, ainsi d'ailleurs que celui de son beau-frère et prédécesseur au commandement.

c) Pages 177 et 370, j'affirme que Zeus a émasculé et renversé du trône son père Kronos. J'ai, par erreur, fait avancer cette horreur d'une génération : la mythologie grecque l'attribue à Kronos à l'égard de son père Ouranos[1] .

Comment se fait-il que ma mémoire se soit trouvée en défaut sur ces points, alors que (et j'espère que mes lecteurs ne me démentiront pas) j'y retrouve habituellement sans difficulté les matériaux les plus éloignés et les moins usités ? Et comment se fait-il encore que, malgré trois corrections d'épreuves, ces erreurs m'aient échappé, comme si j'avais été frappé de cécité ?

Goethe a dit de Lichtenberg : « Dans chacun de ses traits d'esprit il y a un problème caché. " On peut en dire autant des passages cités de mon livre : derrière chaque erreur, il y a quelque chose de refoulé ou, plus exactement, une absence de sincérité, une déformation reposant sur des choses refoulées. En analysant les rêves rapportés dans ces passages, j'ai été obligé, par la nature même des sujets auxquels se rapportaient les idées du rêve, d'interrompre à un moment donné l'analyse avant qu'elle fût achevée, et aussi d'atténuer par une légère déformation le relief de tel ou tel autre détail indiscret. Je ne pouvais pas faire autrement et n'avais pas d'autre choix, si je voulais en général citer des exemples et des preuves ; je me trouvais dans une situation difficile, découlant de la nature même des rêves, qui consiste à exprimer ce qui est refoulé, c'est-à-dire inaccessible à la conscience. J'ai dû cependant laisser pas mal de choses susceptibles de choquer les âmes sensibles. Or, la déformation ou la suppression de certaines idées qui m'étaient connues et qui étaient en plein développement ne s'est pas effectuée sans qu'il restât des traces de ces idées. Ce que j'ai voulu supprimer s'est souvent glissé à mon insu dans ce que j'ai maintenu et s'y est manifesté sous la forme d'une erreur. Dans les trois exemples cités plus haut il s'agit d'ailleurs du même sujet : les erreurs sont des produits d'idées refoulées se rapportant à mon père décédé.

Reprenons ces erreurs :

a) Si vous relisez le rêve analysé page 266 de mon ouvrage *Die Traumdeutung* , vous constaterez soit directement, soit à travers certaines allusions, que j'ai interrompu mon exposé parce que j'allais aborder des idées qui auraient pu contenir une critique inamicale à l'égard de mon père. En poursuivant cette série d'idées et de souvenirs, je retrouve une histoire désagréable dans laquelle des livres jouent un certain rôle, et j'y retrouve un ami et associé de mon père qui s'appelait Marburg, c'est-à-dire du nom même de la station dont l'annonce par le conducteur du train avait interrompu mon sommeil. Au cours de mon analyse, j'ai voulu dissimuler ce M. Marburg à moi-même et à mes lecteurs ; mais il s'est vengé, en se faufilant là où il n'était pas à sa place et il a transformé de Marbach en Marburg le nom de la ville natale de Schiller.

b) L'erreur qui m'a fait dire *Hasdrubal* au lieu de *Hamilcar* , c'est-à-dire qui m'a fait mettre le nom du frère à la place de celui du père, se rattache à un ensemble d'idées où il s'agit de l'enthousiasme pour Hannibal que j'avais éprouvé étant encore jeune lycéen et du mécontentement que m'inspirait l'attitude de mon père à l'égard des « ennemis de notre peuple ". J'aurais pu laisser se dérouler les idées et raconter comment mon attitude à l'égard de mon père s'est modifiée à la suite d'un voyage en Angleterre, où j'ai fait la connaissance de mon demi-frère, le fils que mon père avait eu d'un premier mariage. Mon demi-frère a un fils qui me ressemble ; je pouvais donc, sans aucune invraisemblance, envisager les conséquences de l'éventualité où j'aurais été le fils, non de mon père, mais de mon frère. C'est à l'endroit même où j'ai interrompu mon analyse que ces fantaisies ont faussé mon texte, en me faisant mettre le nom du frère à la place de celui du père.

c) C'est encore sous l'influence de ce souvenir de mon frère que je pense avoir commis l'erreur consistant à faire avancer d'une génération l'horreur mythologique de l'Olympe grec. Des conseils que m'avait donnés mon frère, il en est un qui est resté très longtemps dans ma mémoire : « En ce qui concerne ta conduite dans la vie, me disait-il, il est une chose que tu ne dois pas oublier : tu appartiens, non à la deuxième, mais à la troisième génération, à partir de celle de notre père. " Notre père s'est d'ailleurs remarié plus tard pour la troisième fois, alors que ses enfants du deuxième mariage étaient déjà assez avancés en âge. Je commets l'erreur *c*) à l'endroit précis de mon livre où je parle du respect que les enfants doivent à leurs parents.

Il est aussi arrivé plus d'une fois que des amis et des patients, dont je publiais les rêves ou auxquels je faisais allusion dans mes analyses de rêves, aient attiré mon attention sur les inexactitudes qui s'étaient glissées dans mon récit portant sur tel ou tel fait que nous avions discuté ensemble. Dans ces cas encore, il s'agissait d'erreurs historiques. Ayant, après rectification, examiné à nouveau tous les cas qui m'ont été signalés à ce point de vue, j'ai pu m'assurer que mes souvenirs portant sur des faits concrets ne se sont trouvés en défaut que là où j'ai cru devoir déformer ou dissimuler quelque chose au cours de l'analyse. Donc, ici encore il s'agissait d'une *erreur passée inaperçue et constituant comme une revanche pour un refoulement ou une suppression intentionnels* .

De ces erreurs issues du refoulement, il faut distinguer nettement celles qui reposent sur une ignorance réelle. Ce fut, par exemple, par ignorance que me trouvant un jour en excursion en

Wachau, dans le village d'Emmersdorf, je croyais fouler le sol du pays natal du révolutionnaire Fischhof. Il n'y a entre les deux villages qu'une identité de nom ; Emmersdorf, village natal de Fischhof, se trouve en Corinthie. Mais je l'ignorais.

Voici encore une erreur instructive et qui me fait honte, un exemple, pour ainsi dire, d'ignorance temporaire. Un patient me prie un jour de lui prêter les deux livres sur Venise que je lui avais promis et qu'il voulait consulter avant de partir en voyage pour les vacances de Pâques. « Je les ai préparés ", lui répondis-je et je me rendis dans la pièce voisine où se trouvait ma bibliothèque. Mais, en réalité, j'avais totalement oublié de préparer ces livres, car je n'approuvais pas tout à fait le voyage de mon malade, dans lequel je voyais une interruption inutile du traitement et un préjudice matériel pour moi. Je jette un rapide coup d'œil sur ma bibliothèque, à la recherche des deux livres que j'avais promis à mon malade. L'un s'appelle *Venise centre artistique* . Le voici. Mais je dois avoir encore un ouvrage historique sur Venise, faisant partie de la même collection. En effet, le voici à son tour : *Les Médicis* . J'apporte les deux livres à mon malade, mais m'aperçois aussitôt, à ma honte, de mon erreur. Je n'ignorais pas que les Médicis n'avaient rien à voir avec Venise ; mais au moment où j'enlevais ce dernier livre du rayon de la bibliothèque, je ne pensais pas du tout qu'un ouvrage sur les Médicis n'avait rien à apprendre à quelqu'un qui s'intéressait à Venise. Or, il fallait être franc ; ayant si souvent reproché à mon malade ses propres actes symptomatiques, je ne pouvais sauver mon autorité qu'en usant de sincérité et en lui avouant sans ambages les motifs cachés de mes préventions contre son voyage.

On est étonné de constater que le penchant à la vérité est beaucoup plus fort qu'on n'est porté à le croire. Il faut peut-être voir une conséquence de mes recherches psychanalytiques dans le fait que je suis devenu presque incapable de mentir. Toutes les fois où j'essaie de déformer un fait, je commets une erreur ou un autre acte manqué qui, comme dans ce dernier exemple et dans les exemples précédents, révèle mon manque de sincérité.

Le mécanisme de l'erreur est beaucoup plus lâche que celui de tous les autres actes manqués ; je veux dire par là que, d'une façon générale, une erreur se produit lorsque l'activité physique correspondante doit lutter contre une influence perturbatrice, sans que toutefois le genre de l'erreur soit déterminé par la qualité de l'idée perturbatrice dissimulée dans les profondeurs du domaine psychique. J'ajouterai cependant qu'on observe le même état de choses dans beaucoup de cas de *lapsus linguae* et de *lapsus calami* . Toutes les fois où nous commettons l'un ou l'autre de ces *lapsus* , nous devons conclure à un trouble produit par des processus psychiques qui échappent à nos intentions, mais nous devons aussi admettre que le *lapsus* de la parole ou de l'écriture obéit souvent aux lois de la ressemblance, ou correspond au désir de la commodité ou de la rapidité, sans que l'auteur du *lapsus* réussisse à trahir dans l'erreur commise tel ou tel trait de son caractère. C'est la plasticité du langage qui permet la détermination de l'erreur et impose des limites à celle-ci.

Pour ne pas parler uniquement de mes erreurs personnelles, je vais citer encore quelques exemples qui auraient pu tout aussi bien figurer sous la rubrique des *lapsus* de la parole ou des méprises (ce qui n'a d'ailleurs aucune importance, étant donné l'équivalence qui existe entre toutes ces variétés d'actes manqués).

J'avais interdit à l'un de mes malades, qui était décidé à rompre avec sa maîtresse, de communiquer téléphoniquement avec elle, toute conversation ne pouvant que rendre difficile la lutte contre l'habitude qu'il avait contractée à son égard. Je lui conseille de lui faire connaître sa dernière décision par lettre, malgré la difficulté de lui faire parvenir celle-ci. À une heure de l'après-midi, il vient me voir pour m'annoncer qu'il a trouvé un moyen de tourner cette difficulté, et il me demande en passant s'il peut invoquer mon autorité médicale. Vers deux heures, occupé à rédiger la lettre de rupture, il s'interrompt brusquement et dit à sa mère qui se trouvait à côté de lui : « Et dire que j'ai oublié de demander au professeur si je dois le nommer. " Il court aussitôt au téléphone, demande la communication et téléphone : « Puis-je venir voir M. le professeur après le dîner ? " – « Es-tu fou, Adolphe ? " lui répond, sur un ton d'étonnement, la voix même que, sur mon conseil, il ne devait plus entendre. Il s'était tout simplement « trompé " et avait demandé le numéro de téléphone de sa maîtresse, au lieu du mien.

Une jeune femme se propose de faire une visite à une de ses amies récemment mariée, habitant la *Habsburgerstrasse*. Elle parle de cette visite pendant le repas, mais dit par erreur qu'elle doit aller *Babenbergerstrasse*. D'autres personnes se trouvant à table attirent en riant son attention sur l'erreur (ou, si l'on préfère, sur le lapsus), qu'elle a commise sans s'en apercevoir. Deux jours auparavant, en effet, la République avait été proclamée à Vienne, le drapeau noir et jaune avait disparu, pour céder la place aux couleurs de la vieille Marche de l'Est : rouge-blanc-rouge ; les Habsbourg étaient renversés. La dame en question n'a fait, à son tour, qu'éliminer les Habsbourg de la rue qui portait encore leur nom. Il existe d'ailleurs à Vienne une BabenbergerSTRASSE , très connue ; mais c'est une « avenue ", et non une « rue ".

Au cours d'un voyage de vacances, un instituteur, jeune homme très pauvre, mais présentant bien, fait la cour à la fille d'un propriétaire de villa habitant pendant l'hiver la capitale et finit par lui inspirer un amour tel qu'elle réussit à arracher à ses parents le consentement au mariage, malgré les différences de situation sociale et de race. Un jour, l'instituteur écrit à son frère une lettre dans laquelle il dit : « La jeune fille n'est pas jolie, mais très gentille, et sous ce rapport il n'y aurait rien à dire. Mais me déciderai-je à épouser une Juive ? – c'est ce que je ne puis te dire encore. " Cette lettre tombe entre les mains de la fiancée et met fin à l'idylle, tandis que le frère reçoit en même temps une lettre dont le contenu ne manque pas de l'étonner, car c'était une véritable déclaration d'amour. Celui qui m'a raconté cette histoire m'assurait qu'il s'agissait bien d'une erreur, et non d'une ruse intentionnelle. – Je connais encore un autre cas où une dame, mécontente de son médecin et n'osant pas le lui dire directement, a cependant atteint son but, grâce à une interversion de lettres ; ici, du moins, je puis garantir que c'est par erreur, et non par ruse consciente, que la dame a eu recours à ce procédé classique du vaudeville.

Abraham Brill raconte le cas d'une dame qui, voulant lui demander des nouvelles d'une amie commune, désigne celle-ci par erreur par son nom de jeune fille. Son attention ayant été attirée sur cette erreur, elle dut convenir qu'elle ne supportait pas le mari de son amie, dont elle n'avait jamais approuvé le mariage.

Voici un cas d'erreur qui représente en même temps un *lapsus linguae* . Un jeune père se rend à l'état civil pour déclarer la naissance de sa seconde fille. Prié de dire le nom de l'enfant, il répond : « Hanna ", mais l'employé lui fait observer qu'il a déjà un enfant portant ce nom. Nous pouvons conclure de cette erreur que la seconde fille n'était pas autant désirée que la première au moment de la naissance.

J'ajoute encore quelques observations relatives à des confusions de noms ; il va sans dire que ces observations pourraient également figurer dans d'autres sections de ce livre.
Une dame a trois filles dont deux sont déjà mariées, tandis que la troisième attend encore son sort. Une amie avait offert à chacune des filles mariées le même cadeau de noces : un superbe service à thé en argent. Toutes les fois où il est question de ce service, la mère en attribue par erreur la possession à sa troisième fille. Il est évident qu'elle exprime par cette erreur le désir de voir sa troisième fille se

marier à son tour ; et elle suppose en même temps qu'elle recevra le même cadeau.

On peut interpréter tout aussi facilement les cas où une mère confond les noms de ses filles, fils ou gendres.

Voici un joli exemple de confusion de noms, d'une explication facile. Il concerne M.J.G., qui l'a d'ailleurs communiqué lui-même. La chose s'est passée dans un sanatorium.

« À la table d'hôte (du sanatorium), au cours d'une conversation qui m'intéresse peu et menée sur un ton tout à fait conventionnel, j'adresse à ma voisine de table une phrase particulièrement aimable. La demoiselle, qui n'est pas de la première jeunesse, ne peut s'empêcher de me faire observer qu'il n'est pas dans mes habitudes d'être aimable et galant envers elle – observation qui exprime, d'une part, un certain regret et, d'autre part, une allusion transparente à une jeune fille que nous connaissons tous deux et à laquelle j'ai l'habitude de prêter une plus grande attention. Je comprends sans peine. Au cours de notre conversation ultérieure, je me fais reprendre (chose pénible) à plusieurs reprises par ma voisine, que je m'obstine à appeler du nom de la jeune fille qu'elle considère, non sans raison, comme son heureuse rivale. "

Je range encore parmi les « erreurs " l'événement suivant, d'un caractère plus sérieux, qui m'a été raconté par un témoin oculaire. Une dame passe la soirée à la campagne, avec son mari et en compagnie de deux étrangers. Un de ces étrangers est son ami intime, ce que tout le monde ignore et doit ignorer. Les deux amis accompagnent le couple presque devant la maison. En attendant que la porte s'ouvre, le mari et la femme prennent congé des amis. La dame se penche vers l'un des étrangers, lui tend la main et lui dit quelques mots aimables. Puis, elle prend le bras de l'autre (qui était son amant) et se tourne vers son mari, comme voulant prendre congé de lui. Le mari accepte la plaisanterie, enlève son chapeau et dit avec une politesse exagérée : « Je vous baise la main, chère Madame. " La femme, effrayée, lâche le bras de son amant et a encore le temps de s'écrier, avant que le mari soit revenu : « Mon Dieu, quelle aventure ! " Le mari était de ceux qui considèrent l'infidélité de leur femme comme une chose absolument impossible. Il avait juré à plusieurs reprises que si jamais sa femme le trompait plus d'une vie serait en danger. Il avait donc les plus fortes raisons de ne pas comprendre la provocation qu'impliquait l'erreur de sa femme.

Voici une erreur d'un de mes patients et qui, en se reproduisant, s'est transformée en une erreur opposée. Elle est particulièrement instructive. Un jeune homme exagérément indécis finit, après de longues luttes intérieures, par se décider à promettre le mariage à la jeune fille qu'il aime et qui l'aime depuis longtemps. Après avoir accompagné sa fiancée, il monte, tout rayonnant de bonheur, dans un tramway et demande à la receveuse... *deux* billets. Six mois plus tard, nous le retrouvons marié, mais son bonheur conjugal laisse encore à désirer. Il se demande s'il a bien fait de se marier, regrette les relations amicales de jadis, a toutes sortes de reproches à adresser à ses beaux-parents. Un soir, après avoir été chercher sa femme chez les beaux-parents, il monte avec elle dans un tramway et se contente de demander à la receveuse... *un* billet.

M. Maeder nous montre, par un joli exemple[2] , comment un désir réprimé à contrecœur peut être satisfait à l'aide d'une « erreur ". Un collègue voulait profiter tranquillement d'un jour de congé ; il lui *fallait* cependant faire une visite à Lucerne, qui ne l'enchantait pas outre mesure ; il hésite longtemps et se décide enfin à partir. Pour se distraire, il lit les journaux pendant le trajet Zurich-Arth-Goldau, change de train à cette dernière station et continue sa lecture. En cours de route, le contrôleur lui apprend qu'il n'a pas pris le train qu'il fallait, qu'il est monté dans celui qui revenait de Goldau à Zurich, alors que son billet était pour Lucerne.

Le Dr Viktor Tausk publie, sous le titre « Fausse direction[3] ", le cas d'une tentative analogue, bien que moins réussie, de satisfaire un désir réprimé par le même mécanisme de l'erreur.

« J'avais quitté le front et passais une permission à Vienne. Un patient ayant appris ma présence en ville me pria de venir le voir à son chevet, car il était malade. Je répondis à sa demande et passai deux heures auprès de lui. Au moment où j'allais prendre congé, le malade me demanda combien il me devait. "Je suis en permission et n'exerce pas pour l'instant, répondis-je. Considérez ma visite comme un service amical."

« Le malade eut un mouvement de surprise, car il ne se sentait certainement aucun droit pour prétendre à une consultation à titre gracieux et amical. Mais il finit par s'accommoder de ma réponse, pensant qu'étant psychanalyste je devais savoir ce qu'il fallait faire : pensée très respectueuse, quoique dictée par le plaisir d'économiser de l'argent.

« Quelques instants plus tard je commençai à m'interroger sur la sincérité de ma générosité, et assailli de doutes – qui ne prêtaient guère à équivoque – je pris le tramway X. Je devais bientôt changer et prendre la ligne Y. Pendant que j'attendais la correspondance, j'oubliais cette histoire d'honoraires et me préoccupai des symptômes de mon patient. Sur ces entrefaites arriva le tramway que j'attendais. Mais il me fallut descendre à l'arrêt suivant. Sans m'en rendre compte, j'avais pris une voiture de la ligne X au lieu d'en prendre une de la ligne Y, et m'en retournai précisément au lieu d'où je venais, dans la direction du patient de qui je n'avais pas voulu être payé. *Mais mon inconscient voulait aller chercher ses honoraires.* "

Il m'est arrivé à moi-même une aventure analogue à celle que je viens de raconter, d'après le Dr Maeder. J'avais promis à mon frère aîné, homme très susceptible, de venir lui faire une visite que je lui devais depuis longtemps. Il avait été convenu que je viendrais le rejoindre sur une plage anglaise et, comme le temps dont je disposais était limité, je devais prendre le chemin le plus court et ne m'arrêter nulle part. Je voulais seulement me réserver une journée pour la

Hollande, mais je pensais le faire au retour. Je partis donc de Munich, par Cologne, pour Rotterdam-Hook en Hollande, d'où le bateau devait nous amener à minuit à Harwich. À Cologne, je dus changer de train, pour prendre le rapide de Rotterdam. Impossible de trouver ce rapide. Je m'adressai à plusieurs employés, qui me renvoyaient d'un quai à l'autre ; je commençais à désespérer, d'autant plus qu'en consultant l'horaire je constatai que toutes ces recherches m'avaient fait manquer la correspondance. Devant cette réalité, je me demandai tout d'abord si je ne ferais pas bien de passer la nuit à Cologne ; cette résolution me fut inspirée par un sentiment de piété, car, d'après une vieille tradition de famille, mes ancêtres avaient jadis fui cette ville, pour échapper aux persécutions qui s'y étaient déchaînées contre les Juifs. Mais au bout de quelque temps je changeai d'avis et me décidai à partir par un autre train pour Rotterdam, où j'arrivai en pleine nuit, ce qui m'obligea à passer une journée en Hollande. Je pus ainsi réaliser un projet caressé depuis longtemps : voir les magnifiques tableaux de Rembrandt à La Haye et au musée d'Amsterdam. C'est seulement l'après-midi du jour suivant, alors que je me trouvais dans le train anglais, que, repassant mes impressions, je me souvins d'une façon certaine d'avoir vu à la gare de Cologne, à quelques pas du train que je venais de quitter et sur le même quai, une grande pancarte avec l'inscription : « Rotterdam-Hook, Hollande ". Le train que j'aurais dû prendre pour continuer mon voyage attendait là. C'est par un « aveuglement " vraiment inconcevable que je m'étais éloigné de cette bonne indication pour aller chercher le train ailleurs ; à moins qu'on veuille admettre que je tenais, malgré les recommandations de mon frère, à voir les tableaux de Rembrandt lors de mon voyage d'aller. Tout le reste : mon agitation bien jouée, la pieuse intention, surgie inopinément, de passer la nuit à Cologne – tout cela n'était qu'un artifice destiné à me dissimuler à moi-même mon projet, jusqu'au moment où il réussit à m'imposer sa réalisation.

Johan Stärcke raconte un cas personnel où il s'agissait d'un sacrifice du même genre : un « oubli " venant à propos pour permettre la satisfaction d'un désir auquel on croyait avoir renoncé.

« Je devais un jour faire dans un village une conférence avec projection. La date de cette conférence se trouva subitement reculée d'une huitaine. Après avoir répondu à la lettre m'annonçant ce changement de date, j'inscrivis la nouvelle date sur mon agenda. Je me serais très volontiers rendu dans ce village dès l'après-midi, pour avoir le temps de faire une visite à un écrivain de mes connaissances qui y habitait. Malheureusement, je ne pouvais pas disposer de mon après-midi et je renonçai à ce dernier projet.

« Lorsque arriva le soir de la conférence, je m'empressai de me rendre à la gare, ayant à la main un sac plein de clichés à projection. Je fus obligé de prendre un taxi pour arriver à temps (il m'arrive souvent, lorsque je dois prendre un train, de sortir de chez moi au dernier moment et d'être obligé de prendre un taxi). Arrivé à destination, je fus tout étonné de ne trouver à la gare personne pour me recevoir (comme cela se fait habituellement dans les petites localités qui invitent des conférenciers). Tout à coup, je me rappelai que ma conférence avait été reculée d'une semaine et que j'avais fait un voyage pour rien, car je pensais toujours à la date primitivement fixée. Après avoir maudit, dans mon for intérieur, mon oubli, je me demandai si je ne ferais pas bien de prendre le premier train pour rentrer chez moi. Mais aussitôt après je me dis que j'avais là une excellente occasion de voir l'écrivain dont j'ai parlé plus haut. C'est ce que je fis. C'est seulement en cours de route que je constatai que mon désir de faire cette visite (qui autrement aurait été impossible) avait fort bien arrangé le complot. Le fait que je m'étais chargé d'un lourd sac plein de clichés à projection et que je m'étais hâté pour arriver à l'heure à la gare avait servi à me dissimuler d'autant mieux à moi-même mon intention inconsciente. "

On dira peut-être que les erreurs dont je me suis occupé dans ce chapitre ne sont ni très nombreuses, ni très significatives. Mais je me permets de demander si nos points de vue ne s'appliquent pas également à l'explication des erreurs de jugement, beaucoup plus importantes, que les hommes commettent dans la vie et dans l'activité scientifique. Seuls les esprits d'élite et idéalement équilibrés semblent capables de préserver l'image de la réalité extérieure perçue, contre la déformation qu'elle subit dans la majorité des cas, en passant par l'individualité psychique du sujet qui perçoit.